Schülergrammatik
Französisch Lösungen

Interkantonale Lehrmittelzentrale, Rapperswil
© 2004 Schulverlag plus AG
13. unveränderte Auflage 2019

Das Verb und seine Formen

1 Le contraire

1. retrouver/perdre 2. arriver/partir 3. entrer/sortir 4. grossir/maigrir 5. demander/répondre 6. vivre/mourir 7. envoyer/recevoir 8. pleurer/rire 9. oublier/se souvenir 10. parler/se taire 11. se réveiller/s'endormir 12. monter/descendre 13. dire la vérité/mentir 14. interdire/permettre 15. construire/détruire 16. allumer/éteindre 17. vider/remplir 18. acheter/vendre

2 Les terminaisons des verbes, ça pose problème

Tout le monde sait que le français compte parmi les langues difficiles. Mais toi, tu le comprends déjà très bien et tu ne le parles pas mal. Mais est-ce que tu ne te trompes jamais en orthographe? Les terminaisons des verbes, par exemple, posent problème, surtout aux débutants. Ils confondent souvent -ons et -ont, et à la troisième personne du pluriel, ils ajoutent un -s au lieu d'un -ent. Et toi, est-ce que tu n'oublies jamais les terminaisons muettes? Elles ne se prononcent pas, tu ne les entends pas, mais tu dois les écrire correctement. Est-ce que tu penses toujours à la dernière lettre de la forme avec «tu»? (C'est un -s, n'est-ce pas?) Est-ce que tu écris toujours juste l'impératif des verbes «e»? Bien sûr, puisque tu sais qu'il se termine toujours par un -e, au singulier. C'est pour cela qu'on appelle ces verbes les verbes «e».
Et puis les verbes «cocos». Tu les connais bien, ces verbes en -ir qui se conjuguent au présent comme les verbes «e», donc:
je cueille, tu ouvres, il couvre, j'offre, tu souffres.

Tu trouves tout cela difficile? Non? Tant mieux! Alors tu ne risques pas de faire des fautes.

3 Ça existe? – Ça n'existe pas?

1. – il sait – ils savent
2. – il se plaint – ils se plaignent
3. – il comprend – ils comprennent
4. – il parle – ils parlent
5. – il voit – ils voient
6. – il mange – ils mangent
7. – il rit – ils rient
8. – il se trompe – ils se trompent
9. – il souffre – ils souffrent
10. – il ment – ils mentent

4 Reconnaître les préfixes

Die Grundverben sind: prendre, suivre, fuir, venir, peindre, battre, courir, écrire, jeter, envoyer, tenir, mentir, mettre, rompre.

5 Ça rime? – Ça ne rime pas?

1 a) sors/porte (attention aux terminaisons)
2 a) viens/prends b) venons/prenons d) venir/prendre
3 a) ris/crie (attention aux terminaisons) b) rions/crions d) rire/crier
4 a) dors/forme (attention aux terminaisons) b) dormons/formons d) dormir/former
5 a) romps/trompe (attention aux terminaisons) b) rompons/trompons d) rompre/tromper
6 a) vois/envoie (attention aux terminaisons) b) voyons/envoyons d) voir/envoyer
7 b) croyons/buvons c) croyez/buvez d) croire/boire
8 a) lis/dis c) lisez/dites!! d) lire/dire
9 a) lève/reçois (attention aux terminaisons) b) levons/recevons d) lever/recevoir
10 terminaison: -e   11 terminaison: -s

6 Les formes clés et les thèmes

1 sentir: je sen/s, nous sent/ons ils sent/ent   2 thèmes
2 apprendre: j'apprend/s, nous appren/ons, ils apprenn/ent   3 thèmes

3 accourir: j'accour/s, nous accour/ons, ils accour/ent		1 thème
4 pouvoir: je peu/x, nous pouv/ons, ils peuv/ent		3 thèmes
5 se taire: je me tai/s, nous nous tais/ons, ils se tais/ent		2 thèmes
6 apercevoir: j'aperç/ois, nous apercev/ons, ils aperçoiv/ent		3 thèmes
7 conduire: je condui/s, nous conduis/ons, ils conduis/ent		2 thèmes
8 venir: je vien/s, nous ven/ons, ils vienn/ent		3 thèmes
9 peindre: je pein/s, nous peign/ons, ils peign/ent		2 thèmes
10 vivre: je vi/s, nous viv/ons, ils viv/ent		2 thèmes
11 partir: je par/s, nous part/ons, ils part/ent		2 thèmes
12 battre: je bat/s, nous batt/ons, ils batt/ent		2 thèmes
13 saisir: je saisi/s, nous saisiss/ons, ils saisiss/ent		2 thèmes
14 offrir: j'offr/e, nous offr/ons, ils offr/ent		1 thème
15 sourire: je souri/s, nous souri/ons, ils souri/ent		1 thème
16 s'asseoir: je m'assied/s, nous nous assey/ons, ils s'assey/ent		2 thèmes

7 Un thème – deux thèmes – trois thèmes?

a) Nur einen einzigen Stamm in allen Personen haben:
planter – rire – cueillir – copier – souffrir – couvrir
Beachte: (inter)rompre und alle Verben der Hauptgruppe auf -re gelten als
«verbes à deux thèmes»:
thème 1: romp – mit stummem -p
thème 2: romp – mit ausgesprochenem -p
b) Je einen Stamm für den Singular und den Plural haben:
sortir – interrompre (siehe oben «Beachte») – éteindre – servir – nourrir – produire – mentir –
écrire – traduire – mettre – connaître – craindre
c) Die folgenden Verben haben in der 3. Person Plural einen eigenen (= dritten) Stamm:
vouloir – tenir – pouvoir – devoir – comprendre – boire – recevoir
d) Die folgenden Verben haben zwei Stämme, einen für den Singular und die 3. Person Plural,
den zweiten für die 1./2. Person Plural:
croire – mourir – voir – fuir

8 Les formes clés, c'est utile

tu résous – elle résolvait – qu'il résolve
il teint – je teignais – que tu teignes
tu vaincs – ils vainquaient – que vous vainquiez
elle mincit – elle mincissait – que je mincisse
il acquiert – j'acquérais – que tu acquières

9 Groupez ces verbes

Groupe principal	«cocos»	«mir-tir-vir»	verbes «seuls»
maigrir	souffrir	sentir	courir
punir	couvrir	servir	tenir
remplir	cueillir	partir	mourir
rôtir	ouvrir	mentir	fuir
vieillir		sortir	venir
nourrir		dormir	
choisir			
obéir			
rougir			
démolir			

Groupe principal	-indre	-uire	-aître	verbes «seuls»
tendre	peindre	construire	connaître	prendre
rendre	joindre	cuire	disparaître	mettre
vendre	plaindre	nuire		croire
entendre	atteindre	luire		suivre
rompre	craindre	traduire		faire
descendre				boire
répondre				battre
perdre				vivre
confondre				

11 Sandrine au cours de français

1 voul/ait 2 ét/ions 3 essay/ions (y/i!) 4 s'appel/ait 5 fais/ait 6 lanç/aient (ç!) 7 fall/ait 8 tomb/ait 9 cri/aient 10 ri/aient 11 dérange/ait (ge/a!) 12 ét/aient 13 travaill/ions 14 corrige/ait (ge/a!) 15 av/ait 16 souri/ait 17 amus/aient 18 agaç/aient (ç!) 19 ét/ais 20 dev/ions 21 plais/ait 22 trouv/aient 23 compren/aient 24 conten/ait 25 connaiss/ions 26 pouv/ait 27 voul/aient 28 sav/ais 29 ét/ait

12 35 fois le subjonctif

→ 1 BATTE 4 SERVE 6 SOIT 7 VIENNE 8 CROIE 11 AGISSE 14 TIENNE 15 SORTE 17 DOIVE 19 INTERROMPE 22 RIE 23 MEURE 24 AILLE 26 RENDE 27 SUFFISE 28 LISIEZ 29 ASSEYIEZ 30 PRENIEZ 31 AIT
↓ 1 BOIVE 2 AIE 3 ETEIGNE 4 SACHES 5 VOIE 9 OUVRE 10 ENTENDE 12 SENTE 13 ENDORMES 14 TAISES 16 DORME 18 COURES 20 NAISSE 21 PERDE 25 OFFRE 26 RIIEZ

13 Jeu des temps simples

A 1 ils pren/aient 2 je pouv/ais 3 il s'ennuy/ait 4 vous dis/iez 5 nous nettoy/ions (y/i!) 6 elle jet/ait 7 ils recev/aient 8 nous oubli/ions (i/i!) 9 il ten/ait 10 vous fais/iez
B 1 vous apprendr/ez 2 nous nous enfuir/ons 3 ils mentir/ont 4 vous essuier/ez 5 ils apercevr/ont 6 nous nous lèver/ons 7 elle souffrir/a 8 vous craindr/ez 9 il devr/a 10 tu t'ennuier/as
C 1 que tu comprenn/es 2 qu'elle connaiss/e 3 que je cour/e 4 que vous croy/iez (y/i!) 5 que vous dis/iez 6 que tu boiv/es 7 que je maigriss/e 8 qu'il éteign/e 9 qu'elle se tais/e 10 que nous ten/ions
D 1 il s'endormir/ait 2 tu devr/ais 3 nous jetter/ions 4 vous réagir/iez 5 elle suivr/ait 6 nous boir/ions 7 vous les appeller/iez 8 ils se plaindr/aient 9 nous découvrir/ions 10 elles devr/aient

14 Les 18 irréguliers du futur et du conditionnel

3 il ser/a - il ser/ait 5 vous ser/ez - vouzs ser/iez 7 je fer/ai - je fer/ais 11 vous fer/ez - vous fer/iez 15 il voudr/a il voudr/ait 17 vous voudr/ez - vous voudr/iez 20 tu viendr/as - tu viendr/ais 22 nous viendr/ons - nous viendr/ions 27 il courr/a - il courr/ait 28 nous courr/ons - nous courr/ions 38 tu mourr/as - tu mourr/ais 42 ils mourr/ont - ils mourr/aient 44 tu enverr/as - tu enverr/ais 46 nous enverr/ons - nous enverr/ions 49 je verr/ai - je verr/ais 54 ils verr/ont - ils verr/aient 60 ils aur/ont - ils aur/aient 65 vous ir/ez - vous ir/iez 72 ils tiendr/ont - ils tiendr/aient 73 je pourr/ai - je pourr/ais 80 tu saur/as - tu saur/ais 90 ils vaudr/ont - ils vaudr/aient 93 il pleuvr/a - il pleuvr/ait 100 nous cueiller/ons - nous cueiller/ions 107 vous vous assiér/ez - vous vous assiériez

15 Un regard sur Biarritz

a) 1 détruisit 2 ne revinrent plus 3 tombèrent 4 découvrit 5 fut ravie 6 retourna 7 se firent construire 8 devint 9 fit 10 gagnèrent 11 perdit 12 s'écroula 13 acheta alors 14 reconstruisit 15 en fit 16 suivirent 17 redécouvrit
b) 1 ne dura pas 2 mourut 3 attendit 4 renaquit 5 vit 6 recouvrirent 7 suivirent 8 s'ouvrirent 9 se mit 10 reconduisit 11 ce fut 12 eut 13 connut

16 Le miracle

1 conseilla **2** conduisit **3** offrit **4** se produisit **5** fut **6** interrompit **7** courut **8** vit **9** fit **10** tint **11** dit **12** prit **13** l'examina **14** rendit **15** répondit

17 Un jeune homme studieux

1 fit **2** eut **3** obtint **4** fut **5** offrit **6** réfléchit **7** refusa **8** chercha **9** eut **10** apprit **11** prit **12** vint **13** interrompit **14** sourit **15** rendit **16** l'interrogea[1] **17** répondit **18** poursuivit **19** continua **20** rejoignit **21** vit **22** fit **23** l'entendit dire

[1] Beachte das eingeschobene -e 16.

18 Une girafe pour le roi

a) **1** a offert **2** a été **3** se sont mis **4** ont construit **5** ont constaté **6** ont réfléchi **7** ont trouvé **8** ont fait **9** a acheté **10** a eu **11** a pris **12** a écrit **13** lui a collé **14** est parti **15** est arrivé **16** ont vu **17** a produit **18** ont poussé **19** a couvert **20** a conduit

b) **1** a exigé **2** il a donc fallu **3** a demandé **4** a été **5** a donc soigneusement préparé **6** a fait faire **7** a cherché **8** a dû trouver **9** a été **10** s'est mise[1] **11** sont arrivés **12** ont interrompu **13** se sont installés[1] **14** a dépouillé **15** ont atteint **16** ont eu **17** ont fait **18** a offert **19** a installé **20** est devenue **21** lui ont rendu visite **22** a survécu **23** est morte **24** est restée

[1] Zur Endung des Partizips 55.

19 Qui était Denis Papin?

1 a écrit **2** a été inventée **3** est né **4** a fait **5** s'est installé **6** est devenu **7** qu'ils ont faites[1] **8** a découvert **9** est parti **10** a inventé **11** a appelée[1] **12** a présenté **13** n'a pas eu **14** a explosé **15** ont volé **16** se sont brûlé[2] la tête **17** se sont enfuis[3] **18** n'a plus revu **19** n'a pas perdu **20** s'est remis **21** a construit **22** a invité **23** ont tous refusé **24** l'a rendu triste **25** a continué **26** a atteint **27** a attendu **28** n'a plus pensé **29** est tombé **30** est mort **31** s'est souvenu

[1] Zur Endung des Partizips 55.
[2] Zur Endung des Partizips: Hier liegt ein Fall vor, in dem die «vereinfachte Regel» 56 oben nicht zutrifft. Nur die «erweiterte Regel» für Fortgeschrittene 56 unten erklärt, warum das Partizip unverändert bleibt.
[3] Zur Endung des Partizips 56.

20 La femme jalouse

1 se promène **2** se protège **3** attend **4** s'inquiète **5** s'appelle **6** n'a jamais manqué **7** a eu **8** rejette **9** espère **10** a eu **11** rentre **12** commande **13** est **14** essuie **15** s'ennuie **16** appuie **17** se rappelle **18** est **19** tolère **20** préfère **21** appelle **22** paie (paye[1]) **23** achète **24** se dépêche **25** il neige **26** soulève **27** enlève **28** jette **29** sort **30** se sèche **31** prend **32** nettoie **33** mène **34** trouve **35** exagère **36** répète **37** a **38** est **39** ne trouve aucun ... **40** essaie (essaye[1]) **41** lève **42** jette **43** envoie

[1] Bei den Verben auf *-ayer* ist (im Unterschied zu denjenigen auf *-oyer* und *-uyer*) die Schreibweise mit -y- in allen Personen möglich.

21 Du chiffre au verbe en -er

Présent:
Beachte:
– Die Schreibweise des Infinitivs ändert sich leicht vor -e und -ent.
– Verben auf -cer erhalten aus Aussprachegründen ein ç vor -ons.
  Verben auf -ger erhalten aus Aussprachegründen ein e vor -ons.

4 nous mang**e**/ons (**e/o!**) **10** nous pla**ç**/ons (**ç!**) **14** tu essui/es **24** ils vont **25** j'am**è**n/e **35** vous séch/ez **37** je jett/e **48** ils emploi/ent **51** il ach**è**t/e **55** je m'ennui/e **64** nous appel/ons **68** tu esp**è**r/es **78** ils essai/ent **79** je p**è**s/e **90** ils appui/ent **93** il préf**è**r/e **100** nous lan**ç**/ons (**ç!**) **103** je prot**è**g/e **110** tu envoi/es **117** il exag**è**r/e

Imparfait:
Beachte:
- Bei Verben auf -**yer** treffen in der 1./2. Person Plural das **y** des Stamms und das -**i** der Endung aufeinander: **y**/**i**ons, **y**/**i**ez.
- Die Verben auf -**ger** und -**cer** verändern ihre Schreibweise aus Aussprachegründen vor den Endungen -**ais**/-**ait**, -**aient**.

1 je mang**e**/ais (g**e/a!**) **9** il pla**ç**/ait (**ç!**) **16** nous essu**y**/ions (**y/i!**) **19** j'all/ais **30** ils amen/aient **34** nous séch/ions **37** je jet/ais **47** ils emplo**y**/iez **49** j'achet/ais **60** ils ennu**y**/aient **63** il appel/ait **72** ils espér/aient **76** nous essa**y**/ions (**y/i!**) **80** tu pes/ais **85** j'appu**y**/ais **92** tu préfér/ais **101** vous lanc/iez **106** nous protég/ions **109** j'envo**y**/ais **115** j'exagér/ais

Subjonctif présent:
Beachte:
- Die **1. und 2. Person Plural** haben immer dieselbe Form wie im **Imparfait**.

5 que vous mang/iez **10** que nous plac/ions **17** que vous essu**y**/iez (**y/i!**) **19** que j'aille **28** que nous amen/ions **31** que je s**è**ch/e **41** que vous jet/iez **46** que nous emplo**y**/ions (**y/i!**) **50** que tu ach**è**t/es **59** que vous vous ennu**y**/iez (**y/i!**) **64** que nous appel/ions **68** que tu esp**è**r/es **73** que j'essai/e (auch: essay/e) **82** que nous pes/ions **89** que vous appu**y**/iez (**y/i!**) **94** que nous préfér/ions **98** que tu lanc/es **105** qu'il prot**è**ge **113** que vous envo**y**/iez (**y/i!**) **116** que tu exag**è**r/es

Futur:
Beachte:
- Die Futurform der «Verbes du rez-de-chaussée» (nachstehend durch ein * gekennzeichnet) werden **nicht** vom Infinitiv, sondern von der **1. Schlüsselform** abgeleitet.
- Ein **é** im Infinitiv wird in der Regel beibehalten, darf aber seit 1976 auch durch **è** ersetzt werden.

2 tu manger/as **12** ils placer/ont **16** nous essuier/ons* **23** vous ir/ez **26** tu amèner/as* **33** il sécher/a* (auch: il sècher/a) **40** nous jetterons* **47** vous emploier/ez* **52** nous achèter/ons* **56** tu t'ennuier/as* **66** ils appeller/ont* **70** nous espérer/ons* (auch: nous espèrer/ons) **73** j'essaier/ai (auch: -ay)* **81** il pèser/a* **87** il appuier/a* **96** ils préférer/ont* (auch: préfèrer/ont) **97** je lancer/ai **104** tu protéger/as* (auch: protèger/as) **109** j'enve**rr**/ai **120** ils exagérer/ont* (auch: exagèrer/ont)

22 Du chiffre au verbe en -ir

Présent:
3 il dor/t **10** nous cour/ons **15** il réfléchi/t **21** il ouvr/e **27** il meur/t **34** nous nous réjouiss/ons **37** je choisi/s **44** tu offr/es **50** tu men/s **60** ils vienn/ent **61** je souffr/e **70** nous fuy/ons **77** vous guériss/ez **82** il ser/t **87** il réussi/t **92** tu sor/s **97** je tien/s **104** tu sen/s **111** il par/t **115** je cueill/e

Imparfait:
4 nous dorm/ions **12** ils cour/aient **13** je réfléchiss/ais **23** vous ouvr/iez **30** ils mour/aient **31** je me réjouiss/ais **40** nous choisiss/ions **48** ils offr/aient **51** il ment/ait **59** vous ven/iez **61** nous souffr/ions **72** ils fuy/aient **73** je guériss/ais **83** vous serv/iez **85** je réussiss/ais **94** nous sort/ions **102** ils ten/aient **104** tu sent/ais **112** nous part/ions **118** nous cueill/ions

Subjonctif présent:
2 que tu dorm/es **7** que je cour/e **15** qu'il réfléchiss/e **23** que vous ouvr/iez **25** que je meur/e **32** que tu te réjouiss/es **39** qu'il choisiss/e **47** que vous offr/iez **50** que tu ment/es **55** que je vienn/e **65** que vous souffr/iez **71** que vous fuy/iez (**y/i!**) **75** qu'il guériss/e **80** que tu serv/es **85** que je réussiss/e **93** qu'il sort/e **101** que vous ten/iez **105** qu'il sent/e **113** que vous part/iez **119** que vous cueill/iez

Futur:
6 ils dormir/ont 10 nous courr/ons 14 tu réfléchir/as 23 vous ouvrir/ez 28 nous mourr/ons 36 ils se réjouir/ont 38 tu choisir/as 43 j'offrir/ai 51 il mentir/a 55 je viendr/ai 66 ils souffrir/ont 67 je fuir/ai 77 vous guérir/ez 84 ils servir/ont 86 tu réussir/as 95 vous sortir/ez 102 ils tiendr/ont 104 tu sentir/as 114 ils partir/ont 117 il cueiller/a

23 Du chiffre au verbe en -re

Présent:
2 tu bat/s 11 vous fait/es (!) 18 ils plais/ent 23 vous lis/ez 29 vous dit/es (!) 35 vous ri/ez 42 ils naiss/ent 46 nous buv/ons 49 je pein/s 55 je romp/s 62 tu te tai/s 67 je sui/s 78 ils croi/ent 84 ils viv/ent 87 il apprend/– 92 tu attend/s 99 il met/– 108 ils conduis/ent 112 nous connaiss/ons 115 je crain/s

Imparfait:
4 nous batt/ions 11 vous fais/iez 17 vous plais/iez 19 je lis/ais 30 ils dis/aient 34 nous ri/ions (i/i!) 39 il naiss/ait 45 il buv/ait 52 nous peign/ions 59 vous romp/iez 64 nous nous tais/ions 71 vous suiv/iez 78 ils croy/aient 80 tu viv/ais 90 ils appren/aient 93 il attend/ait 101 vous mett/iez 103 je conduis/ais 110 tu connaiss/ais 119 vous craign/iez

Subjonctif présent:
2 que tu batt/es 7 que je fass/e 16 que nous plais/ions 20 que tu lis/es 29 que vous dis/iez 31 que je ri/e 39 qu'il naiss/e 46 que nous buv/ions 50 que tu peign/es 56 que tu romp/es 62 que tu te tais/es 68 que tu suiv/es 75 qu'il croi/e 83 que vous viv/iez 86 que tu apprenn/es 91 que j'attend/e 98 que tu mett/es 106 que nous conduis/ions 113 que vous connaiss/iez 117 qu'il craign/e

Futur:
1 je battr/ai 8 tu fer/as 16 nous plair/ons 21 il lir/a 28 nous dir/ons 36 ils rir/ont 37 je naîtr/ai 47 vous boir/ez 49 je peindr/ai 58 nous rompr/ons 61 je me tair/ai 70 nous suivr/ons 77 vous croir/ez 80 tu vivr/as 90 ils apprendr/ont 92 tu attendr/as 102 ils mettr/ont 103 je conduir/ai 110 tu connaîtr/as 118 nous craindr/ons

24 Du chiffre au verbe en -oir

Présent:
2 tu veu/x 11 vous recev/ez 18 ils voi/ent 23 vous pouv/ez 29 vous dev/ez 35 vous vous assey/ez 42 ils sav/ent 46 nous av/ons 49 j'aperçoi/s (ç!) 55 je vau/x

Imparfait:
4 nous voul/ions 11 vous recev/iez 17 vous voy/iez (y/i!) 19 je pouv/ais 30 ils dev/aient 34 nous nous assey/ions (y/i!) 39 il sav/ait 45 il avait 52 nous apercev/ions 59 vous val/iez

Subjonctif présent:
2 que tu veuill/es 7 que je reçoiv/e 16 que nous voy/ions 20 que tu puiss/es 29 que vous dev/iez 31 que je m'assey/e 39 qu'il sach/e 46 que nous ayons 52 que tu aperçoives 56 que tu vaill/es

Futur:
1 je voudr/ai 8 tu recevr/as 16 nous verr/ons 21 il pourr/a 28 nous devr/ons 36 ils s'assiér/ont 37 je saur/ai 47 vous aur/ez 49 j'apercevr/ai 58 nous vaudr/ons

Der Gebrauch der Zeiten

1 Les jeunes de demain

1 disparaîtra **2** sauveront **3** feront **4** continuera **5** sauront **6** auront **7** voudront **8** seront **9** jetteront **10** verrez **11** vivront **12** courront **13** essaieront (essayeront[1]) **14** sera **15** vaudra **16** viendra **17** devra **18** mourront **19** pourra **20** reconnaîtrez **21** croirai **22** pourrai

[1] Bei den Verben auf *-ayer* ist (im Unterschied zu denjenigen auf *-oyer* und *-uyer*) die Schreibweise mit -y– in allen Personen möglich.

2 Comme si c'était si facile de gagner le gros lot

1 quand j'aurai gagné **2** quand tu auras acheté **3** quand tu auras trouvé **4** quand je me serai marié[1] **5** quand vous aurez fait **6** quand vous aurez dépensé **7** quand je me serai remis[1]

[1] Zur Wahl des Hilfsverbs 53.

3 Quand tu m'auras tout dit

Mögliche Lösungen:
1 quand tu auras dormi/quand tu te seras reposé(e) **2** quand vous aurez mangé **3** quand on aura bu **4** quand je l'aurai lu **5** quand je les aurai écoutés[1] **6** quand tu auras fait (terminé) tes devoirs **7** quand tu l'auras rangée[1] **8** quand tu auras passé ton permis (de conduire) **9** quand tu auras dormi/quand tu te seras reposé(e) **10** quand vous les aurez lavés[1] **11** quand vous aurez fait un séjour en France **12** quand ils auront passé leur maturité

[1] Zur Endung des Partizips 55.

4 Comme tout le monde

Einleitung 1–6.
Eigentliche Erzählung eingeleitet durch «Tout à coup».
1 était **2** était **3** étaient **4** attendait **5** se promenait **6** était **7** a eu **8** s'est retourné[1] **9** est allé **10** se sont rencontrés[1] **11** a fait tomber **12** n'a rien dit **13** a ramassé **14** l'a remis **15** lui a demandé

[1] Zur Wahl des Hilfsverbs 53 und zur Endung des Partizips 56.

5 Le brouillard

Einleitung 1–5.
Eigentliche Erzählung eingeleitet durch «Tout à coup».
1 c'était **2** faisait **3** il y avait **4** voyaient **5** suivait **6** a freiné **7** n'a pas eu **8** est rentré **9** est allé frapper **10** est descendu **11** a répondu

6 Déjà ou ensuite?

Der erste der beiden Sätze steht jeweils im *Passé composé:* Er sagt nicht, was «schon da war», sondern was zu einem bestimmten Zeitpunkt «geschah».
Der zweite Satz steht
a) im *Imparfait*, wenn er ausdrückt, was zu jenem Zeitpunkt «schon war» oder was «gleichzeitig geschah», was also auf demselben Bild dargestellt werden könnte (Signalwort: déjà/en même temps).
b) im *Passé composé*, wenn er aussagt, was anschliessend geschah (oder auch nicht geschah), was also auf einem neuen Bild dargestellt werden müsste (Signalwort: et puis/ensuite).

1a) ⟶ ⟵ il avait	b) ⟶ ⟵ il voulait	c) ⟶ ⟶ il lui a demandé
2a) ⟶ ⟵ ils avaient	b) ⟶ ⟵ il y avait	c) ⟶ ⟶ ils n'ont pas trouvé
3a) ⟶ ⟵ il voulait	b) ⟶ ⟶ il n'est pas allé	c) ⟶ ⟶ il a loué
4a) ⟶ ⟵ il était	b) ⟶ ⟶ il a salué	c) ⟶ ⟶ il est tombé et n'a pas pu…
5a) ⟶ ⟵ ils voulaient	b) ⟶ ⟵ ne leur plaisait plus	c) ⟶ ⟶ ils sont partis
6a) ⟶ ⟶ il s'est arrêté	b) ⟶ ⟵ il n'aimait pas	c) ⟶ ⟶ il n'a pas coupé
7a) ⟶ ⟵ elle était	b) ⟶ ⟶ elle est rentrée	c) ⟶ ⟵ il neigeait
8a) ⟶ ⟶ elle n'a pas ouvert	b) ⟶ ⟵ elle n'attendait personne	c) ⟶ ⟵ cela ne pouvait pas…
9a) ⟶ ⟶ elles se sont embrassées	b) ⟶ ⟵ elles se connaissaient	c) ⟶ ⟶ elle l'a invitée
10a) ⟶ ⟵ il aimait	b) ⟶ ⟵ il voulait	c) ⟶ ⟶ il n'a pas pu

7 Le bébé caniche

Einleitung 1–3.
Eigentliche Erzählung eingeleitet durch «Au bout d'un moment».
1 était **2** tenait **3** dormait **4** s'est levée[1] **5** a demandé **6** voulait **7** est revenue **8** tenait **9** dormait **10** l'a réveillé **11** s'est mis **12** l'a posé **13** était **14** a commencé **15** avait **16** a mis **17** tournait **18** a demandé

[1] Zur Endung des Partizips 56.

8 André Gide et les photographes

Einleitung 1–3.
Eigentliche Erzählung eingeleitet durch «Un jour».
1 avait **2** était **3** avait **4** est sorti **5** se trouvait **6** il y avait **7** a aperçu **8** paraissait **9** a réagi **10** voulait **11** ne l'a pas écouté[1] **12** s'est fâché **13** a répété **14** ne voulait pas **15** a répondu **16** a ajouté

[1] Gide protestiert – und was geschieht dann (et puis/ensuite)? Der Photograph geht nicht auf seinen Wunsch ein (er hört nicht auf ihn).

9 La cage magique

Einleitung 1–4.
Eigentliche Erzählung eingeleitet durch «Un beau jour».
1 habitaient **2** menaient **3** connaissaient **4** étaient **5** a reçu **6** l'invitait[1] **7** a lu **8** lui a demandé **9** a refusé **10** il y avait[2] **11** est donc parti **12** est arrivé **13** s'est perdu **14** a trouvé **15** avait[3] rendez-vous **16** est entré **17** a aperçu **18** a disparu **19** était **20** savait **21** c'était **22** s'est fermée[4] **23** se sont allumés[4] **24** s'est rouverte[4] **25** est sortie **26** a ouvert **27** a réfléchi **28** s'est dit

[1] Nur das *Imparfait* ist hier möglich. M. Arnet erfährt zwar erst nach dem Öffnen des Briefes, dass er nach Paris fahren soll, aber diese Aufforderung liegt bereits vor, bevor und während er den Brief liest (déjà/en même temps).
[2] Begründungen immer im *Imparfait*.
[3] Der Treffpunkt ist bereits im Brief genannt, deshalb *Imparfait* (déjà/en même temps).
[4] Zur Endung des Partizips 56–57.

11 Pas de chance

1 qu'elle avait tapées[1] **2** qu'elle avait préparé **3** qu'il s'était acheté[2] **4** qu'elle avait répétés[1] **5** il était parti **6** elle était rentrée

[1] Zur Endung des Partizips 55.
[2] Zur Endung des Partizips 56 unten. (Die «vereinfachte Regel» 56 oben genügt hier nicht.)

12 Rien que des ennuis

1 il avait oublié **2** qu'il avait réservée[1] **3** on avait donné (loué) **4** qui était arrivé **5** il avait regardé **6** l'avait empêché **7** qu'il avait commandés[1] **8** était tombée **9** on lui avait volé **10** qu'il avait laissée[1] (mise[1]) **11** qu'il lui avait promis

[1] Zur Endng des Partizips 55.

13 Dites pourquoi

Mögliche Lösungen:
1 Il avait trop bu. **2** Ils avaient perdu un porte-monnaie. **3** J'avais dit une bêtise. **4** ... depuis qu'elle avait eu un accident. **5** Elle avait tellement changé[1]. **6** Elle avait volé quelque chose. **7** Elle avait gagné au loto. **8** Elle s'était cassé[2] le bras. **9** ... que nous avions cachées[3] dans le coffre. **10** Celui-ci avait volé de l'argent. **11** Ils avaient oublié (perdu) la clé. **12** ... personne ne les avait arrosées[4].

[1] Zum Gebrauch von *changer* 72.
[2] Zur Endung des Partizips: Die «vereinfachte Regel» 56 oben trifft in diesem Beispiel nicht zu. Nur die «erweiterte Regel» 56 unten erklärt, warum das Partizip nicht verändert wird.
[3] Zur Endung des Partizips 55.
[4] Zur Endung des Partizips 55.

14 Pas si géniale que ça

Einleitung 1–5.
Eigentliche Erzählung eingeleitet durch «Au bout d'une heure».
1 était **2** avait rencontré **3** avaient décidé **4** était **5** dansaient **6** ont annoncé **7** a proposé **8** avaient **9** faisait **10** sont retournés **11** avaient laissé **12** était **13** avait bu **14** ne s'est pas fâché **15** a commandé **16** en a bu **17** a écrit **18** s'est remis **19** sont retournés **20** étaient **21** sont revenus **22** était **23** avait écrit **24** a compris **25** n'avait pas été

16 Un homme paresseux

Einleitung 1–4.
Eigentliche Erzählung eingeleitet durch «Un jour enfin».
1 vivait **2** était **3** avait quitté **4** n'avait jamais gagné **5** a décidé **6** s'est adressé **7** était devenu **8** lui a demandé **9** lui a promis **10** a annoncé **11** avait trouvé **12** était mort **13** cherchait (immer noch) **14** a accepté **15** ne lui paraissait[1] pas **16** s'est mis **17** s'est très bien passé **18** a téléphoné **19** a dit **20** ne lui plaisait plus **21** a ajouté **22** avait décidé **23** a voulu savoir[2] **24** ce qui n'allait pas **25** lui a demandé **26** s'il s'ennuyait **27** n'avait pas **28** a répondu

[1] Begründungen stehen im *Imparfait*.
[2] Il a voulu savoir bedeutet: «Er hat tatsächlich gefragt.» (et puis/ensuite)

17 Vive le registre!

Enfin! Lucienne avait terminé sa traduction. Il était (C'était) déjà 6 heures du soir et elle n'avait pas la moindre envie de relire son texte. Mais en pensant au nouveau professeur de français elle l'a fait quand même. On ne savait jamais: le nouveau (professeur) était capable de corriger toutes les traductions! Est-ce qu'elle n'avait jamais confondu l'imparfait et le passé composé (N'avait-elle jamais ...?).
D'abord, Lucienne a parcouru l'introduction: tous les verbes étaient (les verbes étaient tous ...) à l'imparfait et au plus-que-parfait. C'était bien. Mais quelques lignes plus bas, dans le récit proprement dit, Lucienne a découvert une faute assez grave: elle avait mis le passé composé après «pendant que». C'était faux. Lucienne a pris son stylo, a biffé la forme «a atterri» et a écrit «atterr...». Zut! Quel était l'imparfait d'«atterrir»? (Elle n'avait) aucune idée. Sans hésiter, elle a pris sa grammaire et a cherché dans le registre l'infinitif «atterrir». Atteindre, attendre, attention ... voilà: atterrir (comme finir) 18. «(Ça) c'est facile» s'est dit Lucienne en récitant les formes clés de finir: «je finis, nous finissons, ils finissent». Elle a refermé le livre et a écrit: «atterrissait». Vive le registre!

18 Une histoire vraie

Einleitung 1–4.
Eigentliche Erzählung eingeleitet durch « Enfin, un beau matin».
1 essayions (**y/i**!) **2** attendions **3** faisais **4** venait **5** sonna **6** courus **7** c'était[1] **8** s'intéressait **9** expliquèrent **10** vivaient **11** étaient **12** fis **13** invitai **14** j'étais (schon seit einer Weile) **15** j'étais (immer noch) **16** m'excusai **17** montai **18** redescendis **19** j'entendis[2] **20** riaient[3] **21** était **22** traînaient **23** c'était[4] **24** visitèrent **25** promirent **26** reconduisis **27** avaient **28** dis **29** m'annoncèrent **30** voulaient (Sie werden zwar erst später einkaufen, aber die Absicht haben sie schon jetzt.) **31** ajouta **32** plaisait **33** respirait **34** compris **35** avait

[1] Das Paar steht schon eine Weile (déjà/en même temps) vor der Tür.
[2] Erst als sie unten angekommen ist (et puis/ensuite).
[3] Schon bevor und während sie es hört (déjà/en même temps).
[4] Schon seit je.

19 Quand les parents grandissent

Einleitung 1–5.
Die eigentliche Erzählung beginnt mit «Un beau jour».
1 vivaient **2** avions **3** rendait **4** étions (oder auch: avions été)[1] **5** passaient[2] **6** quitta **7** décidâmes **8** vendîmes **9** achetâmes **10** fîmes **11** lançâmes **12** intéressaient **13** étions[3] **14** dépendaient **15** dépendions **16** vint **17** avait **18** voulait **19** expliqua **20** avions **21** attendaient **22** jeta **23** arrivait[1] **24** demandai **25** pouvait **26** répondit **27** rompit

[1] Begründungen stehen im *Imparfait* (Signalwort: déjà/en même temps). Wenn sie sich auf einen vorangehenden Zeitpunkt beziehen (Signalwort: avant ce moment-là), können sie auch im *Plus-que-parfait* stehen.
[2] Warum nicht *Passé simple*? a) In einer Einleitung gibt es jeweils nur *Imparfait* oder *Plus-que-parfait*. b) Der Satz bedeutet nicht: «und dann vergingen die Jahre so schnell», sondern «<u>denn</u> die Jahre vergingen <u>ja</u> so schnell» (Begründung, warum sie nicht unglücklich sind: deshalb *Imparfait*).
[3] Während all dieser Zeit.

20 L'ombre sur le toit

1 C'était **2** faisait **3** pouvais **4** étaient **5** paraissait **6** passaient **7** j'eus **8** décidai **9** était **10** bus **11** j'allai **12** j'allumai **13** me mis **14** pouvait **15** était **16** semblaient **17** connaissais **18** fit **19** regardai **20** était **21** j'examinai **22** j'aperçus **23** avançait **24** disparut **25** C'était **26** savais **27** l'avais vu **28** revint **29** j'éteignis **30** décidai **31** fit **32** se répéta **33** je ne m'étais pas trompé **34** j'attendis **35** j'allumai **36** était tombé **37** je me recouchai **38** repensai **39** j'avais entendu **40** demandai

21 Cormière fait son entrée chez Barret

1 se présenta **2** fis **3** dit **4** s'appelait **5** travaillait **6** préparait **7** ajouta **8** était **9** avait **10** proposa **11** j'acceptai **12** j'avais **13** fixâmes **14** dictai **15** m'étonnai **16** étaient **17** avait **18** j'eus **19** n'était pas venu **20** étaient **21** se leva **22** courut **23** pouvait **24** suivis **25** constatai **26** était **27** posa **28** dit **29** habitait **30** ajouta **31** regrettait **32** avait prêté

Dictée
Les voleurs de vélos frappent notre ville et la police a de sérieux ennuis. En effet, le nombre des bicyclettes volées est devenu impressionnant. Comment porter secours à nos cyclistes? Voilà le souci de notre police qui recommande aux propriétaires de bicyclettes: Pour vous protéger contre une mauvaise surprise, démontez la roue avant de votre véhicule et emportez-la à votre lieu de travail. Les contrôles de la police sont absolument insuffisants et

22 L'attentat

1 manquait **2** était **3** c'était **4** avaient **5** savait **6** a décidé **7** trouvaient **8** avait **9** n'y a pas rencontré **10** a entendu **11** s'est retourné **12** a levé **13** a vu **14** a pu **15** compris **16** s'était passé **17** avait voulu **18** a relevé **19** a vu **20** ressemblait **21** était **22** c'était **23** s'est souvenu **24** avait ramené **25** était **26** est allé **27** l'a glissé

23 Trois coups de revolver

1 est retourné **2** c'était **3** est sorti **4** était **5** c'était **6** a décidé **7** est entré **8** a fait **9** a entendu **10** s'est arrêté **11** a regardé **12** a vu **13** a sorti **14** a remarqué **15** avançait **16** a reconnu **17** a aperçu **8** c'était **19** a tiré **20** a fait **21** a tiré **22** se passait / s'était passé **23** s'est réveillée **24** se sont ouvertes **25** ont accouru **26** est venu **27** n'a pas réagi **28** était **29** a eu **30** regardait **31** est arrivé **32** a ordonné **33** a suivi **34** l'ont fait monter **35** a vu

Die Zeiten im Style indirect

1 Yves est de mauvaise humeur

1 ... ce qu'il a
2 ... s'il est malade
3 ... ce qui ne va pas
4 ... ce qu'on peut faire pour lui
5 ... s'il a eu des ennuis
6 ... ce qui s'est passé
7 ... ce qu'on lui a fait
8 ... si on lui a volé quelque chose
9 ... ce qui le chagrine
10 ... s'il a eu un accident

2 M. Truan et sa chienne

1 ... si elle veut l'os de sa côtelette.
2 ... qu'il n'y a pas beaucoup de viande dessus.
3 ... ce que cela veut dire, si elle n'est pas contente.
4 ... pourquoi les hommes sont si avares.
5 ... qu'elle est une bête ingrate, qu'il est un bon maître, lui.
6 ... qu'un bon maître donne l'os avec la côtelette.

3 Le cendrier

1 ... d'où viennent les cendres ... 2 ... si elle a eu des visites 3 ... que cela ne le regarde pas 4 ... pourquoi elle est si agressive 5 ... qu'elle est si nerveuse ... 6 ... qu'elle a fumé ... 7 ... si elle a oublié ... 8 ... qu'elle lui a promis ... 9 ... qu'elle a tellement grossi ... 10 ... qu'elle ne rentre plus ... 11 ... si elle veut absolument ruiner ... 12 ... qu'on peut acheter ... 13 ... mais que la santé ne s'achète pas ...

4 Reprise: M. Truan et sa chienne

1 M. Truan a demandé ... si elle voulait ...
2 Celle-ci a regardé ... et a répondu ... qu'il n'y avait pas ...
3 ... lui a demandé ce que cela voulait dire, si elle n'était pas ...
4 ... a pris l'os et s'est mise[1] ... . Elle s'est demandé[2] pourquoi les hommes étaient si avares.
5 M. Truan s'est fâché. Il lui a dit qu'elle était ..., qu'il était un bon maître, lui.
6 ... a pensé qu'un bon maître donnait ...

[1] Zur Endung des Partizips 56.
[2] Zur Endung des Partizips: Es handelt sich um einen der wenigen Fälle, wo die «vereinfachte Regel» 56 oben nicht zutrifft. Um die «erweiterte Regel» 56 unten richtig anwenden zu können, muss man ausserdem wissen, dass das se in se demander auf die Frage à qui? antwortet (vgl. dazu 72). Se ist folglich Complément indirect und hat keinen Einfluss auf die Endung des Partizips.

5 Reprise: Yves est de mauvaise humeur

Ses amis lui ont demandé:
1 ce qu'il avait 2 s'il était malade 3 ce qui n'allait pas 4 ce qu'on pouvait faire pour lui 5 s'il avait eu des ennuis 6 ce qui s'était passé 7 ce qu'on lui avait fait 8 si on lui avait volé quelque chose 9 ce qui le chagrinait 10 s'il avait eu un accident

6 Reprise: Le cendrier

Aline souffrait d'asthme. Le médecin lui avait défendu de fumer. En arrivant chez elle, son ami a vu le cendrier plein de cendres. Cela l'a inquiété.

1 R. a voulu savoir *fragen* d'où venaient ...
2 Il a demandé ... si elle avait eu ...
3 ... a répondu que cela ne le regardait pas.
4 R. a voulu savoir pourquoi elle était ...
5 A. s'est excusée[1] en disant qu'elle était ...
6 ... elle a avoué qu'elle avait fumé ...
7 ... lui a demandé si elle avait oublié ...
8 ... a ajouté ... qu'elle lui avait promis ...
9 A. a dit qu'elle avait tellement grossi ...
10 ... elle a ajouté qu'elle ne rentrait plus ...
11 ... a demandé si elle voulait absolument ruiner ...
12 ... il a dit tout bas qu'on pouvait acheter ...
13 ... mais que la santé ne s'achetait pas ...

[1] Zur Endung des Partizips 56.

7 Pas la même chose

1 que j'ai la tête dure 2 que je ne savais pas expliquer 3 si je ne peux pas faire attention 4 que ça pouvait arriver à tout le monde 5 que je manque d'humour 6 que je ne te prenais pas au sérieux 7 que je ne leur fais pas confiance 8 pourquoi je ne contrôlais jamais ses devoirs 9 que je peux fort bien y aller seule 10 que tu ne t'étais pas marié pour sortir seul, le soir 11 que j'ai perdu comme d'habitude 12 que tu m'avais laissée gagner pour me faire plaisir 13 si je n'ai jamais entendu parler de la protection de l'environnement 14 que tu n'avais pas acheté une voiture pour la laisser au garage

8 Autrefois et aujourd'hui

1 Aujourd'hui je sais que personne ne peut tout savoir (savoir tout).
Dans mon enfance, j'étais convaincu(e) que mes parents savaient tout.
2 Aujourd'hui je sais que le bruit dans les discos nuit à l'ouïe.
Il y a quelques années, je croyais que c'était une exagération des adultes.
3 A l'école, j'ai appris que Guillaume Tell avait tué Gessler.
Aujourd'hui on se demande s'il a vraiment vécu.
4 Il y a cent ans, tout le monde (chacun) croyait (pensait) que le bonheur des hommes dépendait du progrès.
Aujourd'hui nous devons constater que nous ne sommes pas plus heureux que les générations précédentes.
5 Autrefois on croyait (pensait) que la lune brillait (luisait) comme une lampe.
Aujourd'hui on sait qu'elle réfléchit la lumière du soleil.
6 Aujourd'hui on sait que la terre tourne autour du soleil.
Autrefois on croyait (pensait) qu'elle ne bougeait pas.

9 Le mensonge ne conduit pas loin

1 qu'il avait quitté le bureau ... 2 qu'il n'était pas rentré ... 3 qu'il était allé au bistro 4 qu'il allait régulièrement ... 5 qu'il était arrivé ... 6 qu'il était ressorti ... 7 qu'il avait rencontré la victime ... 8 qu'on ne le confondait pas ... 9 qu'il n'avait pas du tout dit la vérité 10 que le mensonge ne conduisait[1] pas loin 11 et qu'il valait toujours mieux ... .

[1] Für Fortgeschrittene: Das Présent ist hier auch möglich, da eine Wahrheit ausgedrückt wird, die noch *heute* gültig ist.

10 Pourvu que l'optimiste ait raison

1 changerait 2 deviendrait 3 aurait 4 mourraient 5 auraient 6 feraient 7 auraient 8 serait 9 valait 10 avait 11 serait

11 Le patron et son apprenti

1 s'il avait bien nettoyé ... **2** pourquoi on ne lui faisait jamais ... **3** ce qu'il avait pris ... **4** qu'il prenait toujours ... **5** qu'il la ferait nettoyer ... **6** que celui-là ne la nettoierait pas mieux que lui ... **7** qu'il n'était jamais content, le patron

12 Le millionième conducteur

1 était le millionième conducteur **2** avait gagné **3** ce qu'il ferait **4** passerait **5** fallait **6** disait **7** était **8** avait toujours dit **9** iraient **10** si on avait déjà passé

13 Trop tôt

1 avait invité **2** serait **3** était **4** arriverait **5** dirait **6** l'inviterait **7** accepterait **8** regarderaient **9** était **10** avait eu **11** essaierait[1] **12** n'aurait plus **13** n'était pas arrivé **14** était **15** avait

[1] Bei den Verben auf -*ayer* vor stummem -e anstelle von -*ai*- auch -*ay*- möglich.

14 Trop tard

1 était **2** se marierait **3** partirait **4** en avait assez **5** quitterait **6** deviendrait **7** avait oublié **8** découvrirait **9** serait **10** était **11** emmènerait **12** essayait **13** était resté **14** avait voulu **15** avait senti **16** l'avait avalé

15 Pas comme ma mère

a) **1** ferai **2** rentrerai **3** lèverai **4** dépenserai **5** boirai
b) **1** ferait **2** rentrerait **3** aurait du mal **4** dépenserait **5** boirait
c) **1** serait **2** laisserait **3** donnerait **4** ferait
d) **1** était **2** avait tort **3** avaient **4** pensaient **5** faisaient
f) **1** avait raison **2** avaient profité **3** étaient souvent rentrés **4** n'avait jamais été **5** avait passé
g) **1** avaient été **2** était **3** sauraient

Die 4 Aussageweisen oder Modi

1 Quel mode est-ce?

1. tu aurais fait – conditionnel passé
2. Dis-le-moi – impératif
3. m'ont fait – indicatif passé composé
4. Ils m'avaient défendu – indicatif plus-que-parfait
5. que je choisisse – subjonctif présent
6. je ne renoncerai jamais – indicatif futur 1
7. je suis sorti – indicatif passé composé
8. tu aurais dû – conditionnel passé
9. que je ne leur aie pas obéi – subjonctif passé
10. rends-moi – impératif
11. que tu ne sortes plus – subjonctif présent
12. tu te seras excusé – indicatif futur 2
13. tu pourras sortir – indicatif futur 1
14. qu'ils soient – subjonctif présent
15. tu ferais – conditionnel présent

Das Conditionnel und der Bedingungssatz

1 Répétons

a) **1** verrait **2** tiendrais **3** pourrait **4** ferais **5** vaudrait **6** m'assiérais **7** saurait[1] **8** s'appellerait **9** irais **10** viendrais (irais)

b) **1** aurais répondu **2** serait tombé **3** aurait ... attrapé **4** serais resté(e) **5** aurait pris **6** aurions mis **7** se seraient dépêchés **8** serait entré

[1] Ein Spiel können, d.h. ein Spiel, die Spielregeln beherrschen: *savoir* jouer à ...

2 Toujours le même refrain

Mögliche Lösungen:
1 Si tu mets les doigts dans la prise, tu mourras **2** Si tu ne fais pas attention, tu ne comprendras pas ce problème (je te punirai, etc.). **3** Si tu ne t'entraînes pas, tu ne deviendras jamais un champion. **4** Si tu refuses de faire ..., tu feras de la prison. **5** Si vous ne suivez pas ..., ça sera le chaos. **6** ... sa femme lui dit: Si tu n'arrêtes pas de manger, tu grossiras. **7** Si vous ne faites pas ..., vous n'aurez pas ... **8** Si vous n'arrêtez pas de fumer, vous tomberez gravement malade (vous serez mort dans 5 ans, etc.). **9** Si tu ne regrettes pas ..., tu iras en enfer.

3 Un cercle vicieux

1. ... il ne boirait pas tant d'alcool. Et s'il ne buvait pas tant d'alcool, il souffrirait moins.
2. ... elle aurait moins de mal à comprendre les maths. Et si elle avait moins de mal à comprendre les maths, elle ne dormirait pas toujours en classe.
3. ... il serait moins nerveux. Et s'il était moins nerveux, il fumerait moins.
4. ... elle ferait du sport. Et si elle faisait du sport, elle serait en meilleure santé.
5. ... on lui donnerait (confierait) un poste de responsabilité. Et si on lui donnait (confiait) ..., il aurait moins de complexes.
6. ... elle aurait plus d'amis. Et si elle avait plus d'amis, elle ne serait pas toujours de mauvaise humeur.
7. ... il rendrait sa femme heureuse. Et s'il rendait sa femme heureuse, il serait moins malheureux lui-même.
8. ... il lirait le journal plus régulièrement. Et s'il lisait le journal plus régulièrement, il s'intéresserait à la politique.
9. ... elle passerait ses vacances en France. Et si elle passait ses vacances en France, elle comprendrait mieux le français.
10. ... il serait plus optimiste. Et s'il était plus optimiste, il aurait plus de succès.
11. ... ils leur feraient confiance. Et s'ils leur faisaient confiance, les adultes comprendraient mieux les jeunes.
12. ... je m'occuperais du repas tous les jours. Et si je m'occupais du repas tous les jours, je saurais mieux faire la cuisine.

4 Avec des si, on mettrait Paris dans une bouteille

1C Si j'avais des ailes, je monterais vers le ciel.
2E Si je faisais du sport, je serais en bonne forme.
3A Si j'étais un fakir, je m'assiérais sur des clous.
4F Si je courais plus vite que le champion du monde, je battrais tous les records en course.
5D Si je me levais à 5 heures, je verrais le lever du soleil.
6B Si j'étais agriculteur, j'utiliserais moins de produits chimiques.
7H Si je pesais plus de 100 kilos, je ferais tout pour maigrir.
8K Si j'étais Conseiller fédéral, je ferais une autre politique d'asile.
9L Si nous voulions vraiment être des idéalistes, nous renoncerions à notre salaire.
10M Si le soleil disparaissait définitivement, notre planète se recouvrirait de glace.
11I Si toutes les forêts mouraient, nous ne pourrions plus respirer.
12G Si tous les hommes s'entendaient, il n'y aurait plus de guerres.

5 Récapitulons

1 ... elle viendra.	6 ... elle viendra.	1 S'il pleuvait ...	6 S'il pleut ...
2 ... elle viendrait.	7 ... elle viendrait.	2 S'il pleut ...	7 S'il pleut ...
3 ... elle viendrait.	8 ... elle viendra.	3 S'il pleuvait ...	8 S'il pleut ...
4 ... elle viendra.	9 ... elle viendra.	4 S'il pleut ...	9 S'il pleuvait ...
5 ... elle viendrait.	10 ... elle viendra.	5 S'il pleuvait ...	10 S'il pleuvait ...

6 Mais c'est trop tard maintenant

a) Si j'avais pu me décider
   1 j'aurais fait une croisière ... 2 j'aurais appris ... 3 j'aurais fait ... 4 je serais allée voir mon oncle ...
   5 je me serais mariée[1] ... 6 j'aurais travaillé ... 7 j'aurais joué ...
b) 8 Si j'avais fait ... 9 j'aurais découvert ... 10 Si j'avais appris ... 11 j'aurais osé sortir ... 12 Si j'avais fait ...
   13 j'aurais pu soigner ... 14 Si j'étais allée voir mon oncle ... 15 j'aurais visité ... 16 Si je m'étais mariée[1] ...
   17 j'aurais mené une vie moins banale (je n'aurais pas mené une vie si banale) 18 Si j'avais travaillé ...
   19 j'aurais rendu service ... 20 Si j'avais joué ... 21 je serais devenue ... .

[1] Zur Endung des Partizips 56.

7 Ils se trompent

1 Si Robert n'avait jamais fait de ski, il ne se serait pas cassé ... .
2 Si Roger détestait ..., il n'aurait pas ... .
3 S'il avait plu ..., on n'aurait pas lancé ... .
4 Si Rachel n'aimait que la musique classique, elle n'écouterait pas ... .
5 Si Lucien avait horreur ..., il ne voudrait pas devenir ... .
6 Si Gisèle n'avait jamais appris à nager, elle n'aurait pas traversé ... .
7 Si Alain ne s'intéressait pas ..., il ne serait pas ... .
8 Si ces deux garçons étaient ..., ils se ressembleraient comme deux gouttes d'eau (beaucoup).

8 Amour fraternel

André, 12 ans, et Frédéric, 16 ans, sont en train de faire leurs[1] devoirs.

A. Si tu n'arrêtes pas de fumer, je le dirai aux parents.
F. Si tu fais ça, je ne te laisserai plus jamais[2] travailler avec mon ordinateur.
A. Ça va, ça va. Dis-moi plutôt quelle est la capitale du Valais?
F. ... du Valais? Hm, c'est ... Tu ne le sais vraiment pas? Si tu avais fait attention en géographie, tu le saurais.
A. Tu ne le sais pas toi-même. Si tu le savais, tu me l'aurais dit tout de suite.
F. Penses-tu! Si je t'aidais toujours (tout le temps), tu n'apprendrais rien du tout. Regarde la carte[3] de la Suisse. Pour apprendre quelque chose, il faut faire un effort.
A. Vraiment? Hm. Si tu avais fait un effort la semaine dernière, tu n'aurais pas raté ton épreuve de maths (de mathématiques).
F. Pouah! Si je voulais, je pourrais être le meilleur (le premier) en maths.
A. Mais tu ne le veux pas parce que tu n'es pas assez doué. Si tu étais doué pour les maths, tu ferais tout pour être le premier, petit ambitieux.
F. Tu veux une gifle (une baffe)? Si tu ne t'excuses pas tout de suite ...

Le téléphone sonne. C'est l'amie de Frédéric. Si elle n'avait pas téléphoné (appelé), André aurait eu sa gifle. Vraiment, il n'y a rien de plus beau que l'amour fraternel.

[1] faire *ses* devoirs: immer mit Adjectif possessif.
[2] Zur Verneinung siehe 63.
[3] «Auf» wird nicht übersetzt. Vergleiche: *auf* die Uhr schauen = regarder *sa* montre.

Der Subjonctif

1 De l'indicatif au subjonctif présent et passé

1 qu'il n'y ait pas
2 que tout le monde l'ait compris
3 que vous ne lisiez pas
4 que vous n'ayez pas lu
5 ne te plaise pas
6 ne t'ait pas plu
7 que vous vous moquiez de moi
8 que vous vous soyez moqués de moi
9 que nous lui rendions visite
10 que nous lui ayons rendu visite
11 que tu acceptes
12 que tu aies accepté

2 Attention, c'est délicat 1!

Die folgenden Verben und verbalen Wendungen drücken kein Gefühl, sondern eine blosse Feststellung aus:
tout le monde sait que / tu vois bien que / je te dis que / c'est un fait que / j'ai entendu que / je crois que / tu verras que / il pense que / personne n'a remarqué que / j'ai constaté que / il sent que[1] / nous espérons que

[1] *Sentir* ist <u>kein</u> verbe de sentiment. Es stellt fest, <u>dass</u> jemand etwas fühlt, empfindet, aber sagt nicht, mit welchen Gefühlen er das tut. 45 Beachte 2

3 Quelles sont vos réactions?

1 ait disparu 2 soit encore chaude 3 qu'on apprenne 4 soit tombé malade 5 que nous n'ayons pas 6 ait causé 7 ait accueilli 8 aient décidé 9 se fassent la guerre 10 ne puisse pas empêcher

4 Attention c'est délicat 2!

verbes et expressions de sentiment	verbes et expressions de volonté	ni l'un ni l'autre
je suis fâché(e) que	ne tolérez pas que	ils m'ont dit que
c'est scandaleux que	il vaudrait mieux que	je sens[1] que
êtes-vous déçus que	j'exige que	j'ai l'impression que
tout le monde trouve normal que	je préfère que	on peut constater que
je trouve scandaleux que	nous sommes d'accord que	j'ai appris que
c'est bizarre que	ils demandent que	j'ai découvert que
trouvez-vous dangereux que	souhaitez-vous que	nous croyons que
il a peur que	je n'accepte pas que	savez-vous déjà que
je ne trouve pas naturel que	ils supportent mal que	as-tu vu que
quel dommage que		il a observé que

[1] Siehe Fussnote zu Übung 2.

5 Le «Conseil d'enfants»

a) 1 qu'il nous prend[1] ... 2 qu'il réponde à toutes nos questions 3 qu'il ne veuille pas ... 4 qu'il comprend nos problèmes 5 qu'il ne soit jamais ... 6 qu'il ne nous interrompt jamais 7 qu'il sache ... 8 qu'il nous fait[1] confiance 9 qu'il nous permette ... 10 qu'on peut ...

[1] Indikativ, denn *sentir* ist <u>kein</u> Verbe de sentiment! Siehe Fussnote zu Übung 2.

b) 1 Je sais depuis longtemps que le maire est devenu fou.
2 Quelle chance que nous ayons un maire pareil.
3 C'est incroyable qu'un maire puisse être si naïf.
4 C'est dommage que j'aie déjà 16 ans.
5 Je suis ravi que mon fils apprenne à faire de la politique.
6 Je regrette que ma génération n'ait pas eu cette chance.
7 Je trouve idiot qu'on ait fondé le Conseil d'enfants.
8 Nous avons l'impression que les jeunes font moins ... .

    9 Nous craignons que notre fille ne nous obéisse plus.
    10 On voit que les vieux n'ont plus rien à dire … .
c) **1** construise **2** n'aient pas **3** installiez **4** veut **5** qu'ils ne soient pas abattus **6** puissent **7** aient **8** achetiez **9** finisse **10** aient **11** fassent

6 | Le mode caché

1 subjonctif **2** indicatif **3** subjonctif **4** subjonctif **5** indicatif **6** subjonctif **7** subjonctif **8** subjonctif **9** subjonctif **10** subjonctif **11** indicatif **12** indicatif **13** indicatif[1] **14** subjonctif

[1] *Sentir* ist <u>kein</u> Verbe de sentiment! Siehe Fussnote zu Übung 2

7 | Le chauvin

a) **1** est **2** soient **3** aient besoin **4** puisse **5** vaille **6** est
b) **1** soit **2** soient **3** ont besoin **4** puisse **5** vaille **6** soit
c) Vous croyez que vous ne l'êtes pas? Je ne doute pas que vous ayez raison.
   1 soit **2** sont **3** soit **4** sont **5** soit **6** garantisse **7** soient

8 | Ne confondons pas

a) | | | |
|---|---|---|
| **1** Est-ce que vous croyez que | **2** Croyez-vous que | **3** Croyez-vous que |
| **4** Est-ce que vous croyez que | **5** Croyez-vous que | |
| **6** Est-ce que vous croyez que | **7** Croyez-vous que | |
| **8** Est-ce que vous croyez que | **9** Croyez-vous que | |
| **10** Est-ce que vous croyez que | | |

b) **1** Je trouve que **2** Je trouve normal que **3** Je trouve normal que **4** Je trouve que **5** Je trouve que **6** Je trouve normal que **7** Je trouve que **8** Je trouve normal que **9** Je trouve normal que **10** Je trouve que
c) **1** Pourvu que **2** J'espère que **3** J'espère que **4** Pourvu que **5** Pourvu que **6** J'espère que **7** Pourvu qu' **8** J'espère que **9** J'espère que **10** pourvu que

9 | Une heureuse initiative

a) **1** que ce soit une bonne idée **2** que cela pourra empêcher … **3** que d'autres patrons soient prêts … **4** que cela puisse simplifier …
b) **1** c'est **2** soit **3** suivront **4** puisse **5** vaut **6** faut **7** soit **8** faut (faudrait)

10 | Comme sur des roulettes

1 qu'il s'est trompé **2** qu'il se soit trompé **3** qu'il se soit trompé **4** qu'il s'est (se soit) trompé **5** qu'il se soit trompé **6** qu'il se soit trompé **7** qu'il se soit (s'est) trompé **8** qu'il s'est trompé **9** qu'il s'est trompé **10** qu'il se soit trompé **11** qu'il se soit trompé **12** qu'il se soit trompé **13** qu'il s'est trompé **14** qu'il se soit trompé **15** qu'il s'est trompé **16** qu'il se soit trompé **17** qu'il s'est trompé **18** qu'il s'est (se soit) trompé

11 | La France, un pays d'accueil

1 soient **2** est **3** vienne **4** fait **5** veuille **6** soient **7** qu'il y a **8** aurons (ayons) **9** ait **10** mette **11** puisse **12** trouvons **13** ont **14** prenne **15** soit (est) **16** soient **17** sont **18** mette **19** habituions **20** aient **21** fassions **22** soit **23** redevienne

12 Réalité ou désir?

a) **1** qui finit bien **2** qui finisse bien **3** qui finisse bien **4** qui finit bien **5** qui finisse bien
b) **1** qui sache le polonais **2** qui sache le polonais **3** qui sait le polonais **4** qui sache le polonais **5** qui sait le polonais
c) **1** qui lui fait plaisir **2** qui lui fasse plaisir **3** qui lui fasse plaisir **4** qui lui fait plaisir **5** qui lui fasse plaisir

13 Constatation ou exagération?

a) **1.** que je connaisse **2.** que je connais personnellement **3.** que je connais personnellement **4.** que je connaisse **5.** que je connais personnellement **6.** que je connaisse **7.** que je connaisse **8.** que je connais personnellement **9.** que je connaisse
b) Mögliche Lösungen: **1.** C'est l'article le plus intéressant ... **2.** Nos voisins ont des enfants ... **3.** Je te recommande le film ... **4.** C'est le plus grand inventeur ... **5.** Je vous présente le professeur ... **6.** C'est le meilleur pianiste ... **7.** C'est la plus belle maison ... **8.** Ce sont les plus grands égoïstes ... **9.** C'est la fille la plus charmante ...

14 Puzzle

1. Il fallait surveiller cet enfant pour qu'il ne fasse pas de bêtises.
2. Restez ici jusqu'à ce qu'il revienne.
3. Appelez le médecin avant qu'il soit trop tard.
4. Elle a préparé le café pendant qu'il prenait une douche.
5. Je le lui dirai aussitôt qu'il sera de retour.
6. Tu pourras prendre son vélo à condition qu'il soit d'accord.
7. Je l'ai connu lorsqu'il avait 15 ans.

15 Le billet de seconde

1 a **2** soit **3** il y ait **4** a pris **5** revienne **6** a allumé **7** sache **8** revienne **9** sente **10** voit **11** mette **12** réagisse **13** s'est réinstallée (se soit réinstallée) **14** comprenne **15** ait **16** contrôliez **17** sort **18** ait éteint **19** sont **20** j'avais vu

16 Qu'est-ce qui manque?

Mögliche Lösungen: **1** bien que l'ancienne voiture soit encore bonne **2** dès que nous trouverons (aurons trouvé) autre chose **3** sans que nous les ayons invités **4** depuis qu'il s'est cassé la jambe **5** avant qu'il fasse nuit **6** jusqu'à ce que nous ne fassions plus de fautes **7** pour que tu puisses me téléphoner **8** pendant que vous ne serez pas là **9** quoique, quelquefois, elle meure de fatigue **10** après que leurs enfants les avaient quittés **11** à condition que tu me dises le tien **12** aussitôt que nous serons de retour

17 Une bonne réponse

1. parce que **2.** bien que (quoique, malgré que) **3.** après que **4.** jusqu'à ce que **5.** à condition que, sans que **6.** bien que (quoique, malgré que) **7.** jusqu'à ce que **8.** pour que **9.** aussitôt que (dès que) **10.** depuis que

Das unpersönliche Verb

1 Soulignez

Unpersönlich sind: 2, 3, 4, 6, 8, 11, 13, 14, 15, 16, 20.

Das Verbe pronominal

2 Ils sont à plaindre tous les deux

R.: Je regrette que votre voisine ait[1] si mauvaise mine. Il paraît (on dit) qu'[2]elle ne va pas très bien.
S.: Vraiment pas. Elle a souvent mal au cœur et le soir elle n'arrive pas à s'endormir.
R.: Elle devrait aller se promener après (le) souper[3]. Elle ne fait vraiment rien pour sa santé.
S.: Oui (absolument). Autrefois, elle est au moins allée se baigner de temps en temps (elle allait au moins ...).
R.: Mais aujourd'hui elle ne quitte plus la maison (elle ne sort plus de la maison). On dirait (on pourrait croire) qu'[2]elle a peur des gens[4] (qu'elle craint les gens).
S.: Peut-être (C'est possible). Mais elle a aussi peur (elle craint aussi) d'[5]être seule. Le matin, en se réveillant, elle ne veut pas que son mari s'en aille (parte)[6].
R.: Le pauvre. Il a beaucoup changé[7] ces derniers temps.
S.: (Est-ce que) ça (cela) vous étonne? Avec une femme pareille (une telle femme)?
R.: Il lui faudrait[8] un bon psychiatre[9].
S.: C'est ça. Mais son mari ne veut pas. J'ai l'impression qu'[2]il a honte d'avoir une femme malade.
R.: Il devrait plutôt avoir honte de ne pas l'aider[10]. Un bon psychiatre arriverait (réussirait) certainement (sûrement) à la guérir.
Vraiment, ils sont à plaindre tous les deux.

[1] Subjonctif de sentiment nach *regretter* 44.
[2] Dieses *«que»(=dass)* ist obligatorisch. Im Deutschen wird die Konjunktion *«dass»* oft weggelassen; im Französischen ist das nicht zulässig.
[3] In Frankreich: après (le) dîner.
[4] Die Übersetzung *«les hommes»* wäre zweideutig. Man wüsste nicht, ob *Männer* oder *Menschen* gemeint sind.
[5] Zur Präposition vor dem Inifinitiv 80.
[6] Subjonctif de volonté nach *vouloir* 46.
[7] Zur Verwendung von *changer* 72.
[8] «Sie brauchte» hat zwei Bedeutungen: 1. sie hatte nötig, *il lui fallait* (imparfait), 2. sie hätte nötig, *il lui faudrait* (conditionnel).
[9] Das –ch– wird «k» ausgesprochen.
[10] Im Unterschied zum Deutschen (*wem* helfen) aider *qn* (= *wen*).

Der Gebrauch der Hilfsverben «avoir» und «être»

1 Les verbes de l'hôpital

a) **1.** descendre; elle est montée, elle est descendue **2.** partir; nous sommes arrivé(e)s, nous sommes parti(e)s **3.** entrer; elles sont sorties, elles sont entrées **4.** venir; vous êtes allé(e)s, vous êtes venu(e)s **5.** naître; ils sont morts, ils sont nés

b) **1.** «reculer» n'est pas un verbe de l'hôpital **2.** «avancer» n'est pas un verbe de l'hôpital **3.** «relire» n'est pas un verbe de l'hôpital

2 Cinq phrases en 15 secondes

	1	2	3	4	5
1	Il est arrivé à l'heure.	Elle est morte un dimanche soir.	L'avion a atterri dans un pré.	Nous sommes parti(e)s pour Paris.	Ils ont été à l'étranger.
2	Elle est tombée d'une échelle.	J'ai sauté à terre.	Tu as couru trop vite.	Nous sommes resté(e)s au lit.	Elles sont allées au cinéma.
3	On a décollé à 11 heures.	Elles sont montées au grenier.	Il est venu au rendez-vous.	J'ai nagé dans le Rhône.	Vous êtes retourné(e)s à la gare?
4	Tu es rentré après minuit?	On a voyagé ensemble.	Je suis sorti(e) avec eux.	Il est devenu célèbre.	J'ai glissé sur une peau de banane.
5	Vous êtes descendu(e)s à la cave?	Nous avons marché au pas.	Napoléon est né en Corse en 1769.	Elles ont grimpé sur un mur.	Le train est entré en gare.

3 Dites-le en d'autres mots

A **1.** … a couru le monde **2.** … est restée jeune **3.** … a grimpé sur une échelle **4.** … a atterri sur la piste provisoire **5.** Elle est devenue rouge. **6.** Nous sommes tombés des nues … **7.** Lucie a nagé …

B **1.** René est retourné à … **2.** Jacques est venu au monde … **3.** Francine a sauté un repas. **4.** Boris et Daniel sont entrés chez Renault à l'âge de 16 ans. **5.** … nous avons couru un grand risque **6.** … sont sortis de table sans … **7.** … sont descendus à terre

4 Complétez

A **1.** a sauté en l'air **2.** a marché sur une peau de banane **3.** a sauté par la fenêtre **4.** ont marché sur la lune (le 22 juillet 1969) **5.** a avancé de deux pas **6.** est tombé malade **7.** ont voyagé

B **1.** est entrée en scène **2.** a sauté dans le vide **3.** a couru un cent mètres **4.** a grimpé sur une chaise **5.** a grimpé sur le toit **6.** a nagé les 400 mètres **7.** a glissé sur la glace

5 L'aventure nocturne

1 a descendu **2** a rentré **3** est monté **4** est descendu **5** est monté **6** est retourné **7** a sorti **8** a monté **9** a rentré **10** a retourné **11** a retourné **12** a rentré **13** est sorti **14** est rentré **15** a sorti **16** est rentré

6 Une bonne excuse

1. il s'était couché **2.** il ne s'est pas réveillé **3.** il s'est fâché **4.** il s'est habillé **5.** il s'est excusé **6.** elle s'est vite calmée **7.** Robert ne s'est pas lavé (rasé/coiffé). **8.** Il s'est dépêché **9.** le tram s'est arrêté **10.** un automobiliste s'était garé **11.** Robert ne s'est pas inquiété. **12.** Il s'est réjoui.

7 Mais ...

1. ... se sont quand même perdus (trompés de route) **2.** ... ne se sont pas dépêchés **3.** ... ne s'est pas assise **4.** ... se sont quand même réveillés **5.** ... se sont quand même baignés **6.** ... s'est quand même mariée avec lui **7.** ... ne se sont pas rasés **8.** ... se sont quand même arrêtés **9.** ... ne s'est pas peignée **10.** ... ne s'est pas calmée **11.** ... s'est quand même garée **12.** ... se sont quand même envolés (sauvés) **13.** ... se sont sauvés (se sont enfuis) **14.** ... ne s'est pas couchée avant minuit **15.** ... s'est quand même trompée de numéro **16.** ... se sont quand même fâchées **17.** ... ne se sont pas reposés **18.** ... se sont disputés **19.** ... ne se sont pas engueulées (disputées)

Das Participe passé und seine Veränderlichkeit

1 Une lettre

1 retrouvé 2 reconnue 3 saluée 4 rendue 5 tendu 6 mangés 7 invitée 8 lancé 9 rapportée 10 fatiguée 11 empêchée 12 appelés 13 annoncé 14 voulu 15 retenue 16 regardée 17 promis 18 écoutée[1] 19 quittée 20 comprise 21 servi 22 aimée 23 mangée 24 téléphoné 25 invités 26 conseillé 27 tricotée 28 oubliée 29 faits 30 comptés 31 tricotés

[1] Im Deutschen würde man diese Stelle mit «Sie hat mir zugehört» wiedergeben (Frage: wem?). Das Verb *écouter* verlangt aber immer ein complément direct (Frage: qui/wen?, 70). *Me* ist also Complément direct und beeinflusst folglich die Endung des Partizips 55.

2 Si seulement on pouvait compter sur lui

a) 1 ... ne les a pas emmenés au restaurant 2 ... je l'ai réparée moi-même 3 ... ne leur a pas écrit 4 ... les ont repeints eux-mêmes 5 ... ne l'a pas aidée[1] 6 ... ne les a pas terminés
b) 7 réparée 8 repeints 9 tapé/envoyées/reçues 10 tapissé 11 fait/prêtée 12 oublié/faites 13 rendus 14 organisée/organisées

[1] Beachte den Unterschied zum Deutschen. D: *ihr* helfen (Frage: wem?), F: *l'aider* (Frage: qui/=wen?), 70.
L' *(=la)* ist also Complément direct und beeinflusst die Endung des Partizips 55.

3 Etes-vous bon détective?

	A	B	C	D	E
1.	♀	♂	♂	♀	♀
2.	♂	♂	♀	♀	♀
3.	♂	♀	♂	♀	
4.	♀	♀	♂	♀	♀
5.	♀	♂	♂	♀	

4 L'accord du participe passé dans les blagues

1 inventée 2 eus 3 trouvés 4 passé/passée/distribué/donné/distribuées/trouvées/prises/liées 5 été/laissée 6 achetés/perdus/joué/déchirés 7 trouvé/portée 8 vu/photographiées

5 Reprise: «Mais...»

Voir l'exercice 7, page 79.

6 Les retards de Cécile

Vorbemerkung: Der Text enthält eine Reihe von aufeinander folgenden Handlungen (1–14). Deshalb wird das deutsche Imperfekt (Präteritum) immer mit dem Passé composé wiedergegeben (et puis/ensuite)

1 Hier, Cécile s'est déjà couchée (est déjà allée se coucher/est déjà allée au lit) à 10 heures.
2 Un quart d'heure plus tard, elle s'est endormie.
3 Ce matin, elle s'est réveillée à 6 heures et quart.
4 A 6 h 20, elle s'est levée.
5 Elle s'est lavée à l'eau froide.
6 Puis (Ensuite), elle s'est habillée.
7 Après, elle s'est peignée devant la glace (le miroir).
8 Ensuite, elle s'est maquillée.
9 A 7 heures, elle s'est mise (assise) au volant de sa voiture.

10 A 7 h 25, elle s'est arrêtée devant l'usine (la fabrique).
11 Elle s'est garée à côté de la voiture du directeur.
12 En voyant qu'il était (que c'était) déjà tard, elle s'est dépêchée.
13 A 7 h 29, elle s'est installée à son bureau.
14 Elle s'est tout de suite mise à travailler (Tout de suite, elle s'est mise …).
15 Hier, elle était arrivée en retard pour la troisième fois.
16 Ses collègues s'étaient plaints.
17 Le directeur s'était fâché.
18 Ils s'étaient disputés.
19 Enfin (Finalement), Cécile s'était excusée.
20 Le directeur s'était de nouveau calmé.
21 Les collègues s'étaient tus[1].
22 Et elle ne s'était plus occupée d'eux.

[1] se taire 24

7 Marie-Paule se fâche

1 réveillée 2 souvenue 3 retournée 4 rendormie 5 levée 6 dépêchée 7 enfermée 8 lavé 9 brossé 10 mis 11 inquiétée 12 imaginés 13 fait 14 coupé 15 fait 16 mangées 17 dit 18 achetée 19 cherchée 20 trouvée 21 cassé 22 rangée 23 ouverte 24 montrés 25 regardés 26 éclaté 27 servis 28 fâchée 29 jetée 30 enfuis 31 rattrapés 32 donné 33 jeté 34 tue 35 sauvée 36 regardée 37 nettoyé 38 fait 39 mise 40 calmée 41 mouchée 42 essuyé 43 assise 44 concentrée 45 fait 46 promis

8 Grand-père

− Grand-père (Pépé/Papy) (est-ce que) tu as souvent été à l'étranger?
− Oui, j'ai passé plusieurs années de ma vie à l'étranger. Dans ma jeunesse, j'ai beaucoup voyagé. Nous avons (on a) couru le monde, mes amis (copains) et moi.
D'ailleurs, je suis même né à l'étranger. Mes parents se sont mariés à Paris. Puis ils sont allés en Australie pour quelques mois. Ce pays leur a tellement (tant) plu qu'ils y sont restés. Nous sommes tous[1] venus au monde en Australie, mes quatre sœurs et moi.
Mes parents se sont installés à Sidney, dans une maison que mon père avait construite. Il était architecte.
− Quand est-ce que vous êtes revenus d'[2]Australie?
− Après la mort de mon père.
− Il a eu un accident, n'est-ce pas?
− Oui. Il est monté sur le toit avec ses ouvriers. Il avait plu toute la nuit. Papa a glissé sur les tuiles mouillées et (il) est tombé du toit. Quelques semaines plus tard, nous sommes partis pour la France.
− Et votre maison?
− Ma mère (Maman) l'a vendue. Les gens qui l'ont achetée étaient aussi (des) Français. Nous sommes restés en contact. J'ai correspondu avec leur fille. Quelques années plus tard, ma mère l'a invitée. Elle est venue et elle n'est plus repartie: elle est devenue ma femme, ta grand-mère. Malheureusement tu ne l'as plus connue. Elle est morte un an (une année) avant ta naissance. (C'est) dommage. Tu l'aurais bien aimée.

[1] Das -s ist ausgesprochen.
[2] Der Präposition *en* vor weiblichen geographischen Namen *(en France, en Australie,* Frage: wo?/wohin?) entspricht bei der Angabe der Herkunft (Frage: woher?) ein blosses *de* (ohne Artikel): *il vient de France, d'Australie*. Vgl. 122.

9 Faisons le point

A **1** Elles sont descendues … **2** Alice a couru … **3** Nous sommes restés … **4** Les soldats ont marché … **5** Eve a sauté … **6** Vous êtes rentrés … **7** Ces garçons ont grimpé … **8** Lili s'en est allée … **9** C'est Yves qui a nagé … **10** Ils sont devenus …

B **1** … s'en sont allés **2** Gaby s'est servie … **3** Moi, je me suis amusé(e). **4** Aline s'est assise. **5** … s'est inquiétée **6** … se sont déjà lavés **7** Vous vous êtes dépêché(e)s? **8** … s'est concentrée … **9** … se sont reposés **10** … s'est plaint

C **1** a descendu **2** êtes retourné(s) **3** a sorti **4** est sortie **5** sommes montés **6** est rentrée **7** est descendue **8** sont arrivées/sont montés **9** as rentré **10** a retourné

D **1** Dimanche, je me suis levé(e) à 10 heures. **2** Ma sœur est née à la maison. **3** Mais cette fois, elle s'est trompée. **4** Mais hier, elle ne s'est pas réveillée. **5** Mais ce matin, ils se sont disputés. **6** Mais hier, ils ne sont pas revenus. **7** Mais grand-mère en est morte. **8** Mais lundi, elle ne s'est pas baignée. **9** Mais cet hiver, elle est tombée malade. **10** Mais hier, ils sont restés beaucoup plus longtemps.

Das Participe présent und der Gérondif

1 | A la quincaillerie

Hinweis:
Begründung am Satzanfang: → Comme ... (= Da ...)
Begründung am Satzende: → ... parce que ... (= weil)
1 Comme il a cassé ... **2** ... qui mesure ... **3** Comme il ne sait pas très bien ... **4** ... parce qu'il espère y découvrir ...
5 ... parce qu'il croit avoir trouvé ... **6** ... qui monte ...

2 | L'Obélisque de Louxor

Siehe den Hinweis zu Übung 1.
1 Comme il veut gagner ... **2** ... un obélisque qui provient ... **3** ... qui mesure ... **4** et qui pèse ... **5** Comme le transport de ce monument énorme est extrêmement difficile ... **6** ... car (parce que) Charles X a abdiqué ... **7** Comme l'installation du colosse demande de longues préparations ... **8** ... les touristes qui désirent voir de près ... **9** ... qui couvrent l'obélisque ... **10** ... parce qu'ils ne peuvent pas l'atteindre ...

3 | Qui est-ce?

1 Ce poète vivant au 17e siècle ... **2** ... des récits ayant pour personnages ... **3** Ne pouvant pas critiquer ...
4 ... reconnaissant son talent **5** comprenant sa nature ... **6** ... jouant admirablement bien du piano ... **7** Préférant le piano ... **8** Etant lui-même aveugle ... **9** ... leur permettant de lire ... **10** ... ayant le privilège de jouer ... **11** Ne trouvant pas assez de bonnes pièces ... **12** ... des comédies charmant un large publique **13** ... ses amis voyant qu'il est très faible ... **14** Ne sachant pas ... **15** ... ne voulant pas priver ... **16** ... les acteurs gagnant très peu.

4 | Comment?

2D En frottant deux pierres ...
3B En versant du vin blanc ...
4A En ajoutant un peu d'huile ...
5C En mettant dans le vase ...
6G En regardant à travers ...
7H En le lavant à l'eau froide ...
8F En la saupoudrant de sel.

5 | Minet et Minette

1 En entendant, ... **2** En levant la tête, ... **3** En voyant, ... **4** En voulant l'aider, ... **5** En tombant de l'échelle, ... **6** En atterrissant dans la piscine, ... **7** En inondant la terrasse, ... **8** En se sauvant, ... **9** En sortant du bassin, ... **10** En recevant l'échelle sur la tête ,... **11** En poussant un cri, ... **12** En rejoignant Minet sur le sapin, ...

7 Attention au sujet

1. wir schlafen – wir kommen wieder zu Kräften: dasselbe Subjekt ⟶ en dormant
2. wir schlafen – unser Organismus arbeitet weiter: zwei verschiedene Subjekte ⟶ quand nous dormons
3. wir schlafen – unsere Augen bleiben geschlossen: zwei verschiedene Subjekte ⟶ quand nous dormons
4. wir schlafen – wir bewegen uns: dasselbe Subjekt ⟶ en dormant
5. sie liest – die Katze schläft: zwei verschiedene Subjekte ⟶ pendant qu'elle lisait
6. sie liest – sie streichelt: dasselbe Subjekt ⟶ en lisant
7. sie liest – die Nacht bricht herein: zwei verschiedene Subjekte ⟶ pendant qu'elle lisait
8. sie liest – sie schläft ein: dasselbe Subjekt ⟶ en lisant
9. quand tu arriveras ⎫
10. quand tu arriveras ⎬ zwei verschiedene Subjekte
11. en arrivant ⎫
12. en arrivant ⎬ dasselbe Subjekt

8 La grande sœur

Alice: Ne rêve pas en travaillant.
René: Je ne rêve pas, je réfléchis.
(Est-ce que) tu ne veux peut-être pas que je réfléchisse[1] en faisant mes[2] devoirs?
Alice: Si, si. Mais je me demande si on arrive à réfléchir en regardant par la fenêtre.
René: Pourquoi pas? Mais c'est toi qui m'empêches[3] de me concentrer en m'interrompant tout le temps.
– Ne tire pas la langue en écrivant.
– En apprenant tes mots, fais attention à l'orthographe.
– En lisant un texte, tu devrais souligner les passages difficiles.
Tu me rends malade avec tes conseils.
Alice: Ça va, ça va. Je ne te dérange(rai) plus. (C'est que) tu ne comprends pas que j'aimerais t'aider en te donnant des conseils.
René: (Est-ce que) tu sais comment tu peux m'aider le mieux? En te taisant.

[1] Subjonctif de volonté 46.
[2] Faire *ses* devoirs, immer mit Adjectif possessif.
[3] Wegen toi steht das Verb in der 2. Person, 66.

Vom Aktiv zum Passiv

1 Pour une autre raison

1 ... d'être visitée... 2 ... pour être invités ... 3 ... d'être rénovée 4 ... doit être protégée/mérite d'être protégée 5 ... d'être respectés/le droit d'être respectés 6 ... méritent d'être loués/veulent être loués 7 ... doivent être faits 8 ... pour être vu

2 Dépasser ou être dépassé, c'est la question

1 d'être interrompu**s**/interrompre 2 respecter/être respecté**s** 3 d'être dérangé**e**/déranger 4 critiquer/être critiqué**s** 5 réveiller/d'être réveillé**e** 6 soupçonner/d'être soupçonné(**e**) 7 d'être assassiné**e**/assassiner 8 l'accuser/être accusé(e) 9 être condamné**e**/condamner

3 Cela fait une différence

1 être aimé/aimer 2 écrire/être écrites 3 faire/être faits 4 d'être logés/les loger 5 sauver/être sauvés 6 interroger/d'être interrogée 7 être pris au sérieux/prendre au sérieux 8 garantir/être garantie

4 Les puissants et leurs victimes

1. qui est abandonné par sa mère 2. qui est tué**e** par un assassin 3. qui est violé**e** par un homme 4. qui est renvoyé par son patron/sa patronne 5. qui sont tyrannisé**s** par un directeur/une directrice 6. qui sont terrorisé**s** par un maître/une maîtresse 7. qui est arrêté par des policiers 8. qui est puni trop sévèrement par un juge 9. qui sont jeté**s** en prison par un dictateur 10. qui est maltraité par des enfants

5 Est-ce que ça existe?

a) 1 qui sont confondu**s** par ... 2 qui sont fouillé**s** par ...
3 qui sont renvoyé**s** par ... 4 qui sont soigné**s** par ...
5 qui sont dépassé**s** par ... 6 qui sont arrêté**s** par ...
7 qui sont enterré**s** par ...

b) 1 qui seront chauffé**s** par ... 2 qui seront préparé**s** par ...
3 qui seront opéré**s** par ... 4 qui seront écrite**s** par ...
5 qui seront remplacé**s** par ... 6 qui seront démoli**es** par ...
7 qui seront construit**s** par ... 8 qui seront guéri**s** par ...

6 Tout sera fait

Bien sûr, ceux qui ont besoin d'êtres soignés, seront soignés.
Ceux qui ont besoin d'être surveillés, seront surveillés.
Celles qui ont besoin d'être protégées, seront protégées.
Ceux qui ont besoin d'être corrigés, seront corrigés.
Celles qui ont besoin d'être payées, seront payées.
Ceux qui ont besoin d'être repeints, seront repeints.
Celles qui ont besoin d'être remplacées, seront remplacées.
Celles qui ont besoin d'être réparées, seront réparées.
Celles qui ont besoin d'être traduites, seront traduites.
Celles qui ont besoin d'être nettoyées, seront nettoyées.
Ceux qui ont besoin d'être fixés, seront fixés.
Celles qui ont besoin d'être complétées, seront complétées.

7 Des réactions en chaînes

1 parce qu'elle a été engueulée par son mari **2** parce qu'il a été giflé par sa mère **3** parce qu'elle a été pincée par Robert **4** parce qu'il a été battu par Muriel **5** parce qu'ils ont été griffés par leur chat **6** parce qu'ils ont été insultés par leurs voisins **7** parce qu'il a été chassé par les Malle **8** parce qu'il a été tué par le chat

8 La Française qui veille sur New York

1 a été créée[1] **2** a été confiée **3** a été réalisée **4** a été expédiée **5** a été entièrement démontée **6** ont été soigneusement numérotés **7** ont été rangés **8** a été accueilli **9** a été inspectée **10** a été entièrement restaurée **11** a été saluée **12** ont aussi été réalisés

[1]
	Stamm	Endung
Infinitiv:	cré –	er
Participe passé:		
masculin:	cré –	é
féminin:	cré –	ée

9 Les bonnes nouvelles sont rares, hélas!

1. Un tableau de Marc Chagall a été volé. 2. Un nouveau-né a été abandonné sur … 3. Deux trafficants de drogues ont été arrêtés par la police alsacienne. 4. Un camp de prisonniers a été bombardé. 5. Quatre élèves indisciplinés on été renvoyés. 6. Un immeuble de 8 étages a été détruit dans un incendie. 7. Une jeune femme a été assassinée par un inconnu. 8. A Washington, deux prisonniers noirs ont été condamnés à mort. 9. Dix naufragés ont été sauvés par des pêcheurs islandais.

10 Série noire sur les routes françaises

1 … trois accidents … se sont produits **2** … un camion … est rentré … **3** Le chauffeur a été tué … **4** … qui a suivi le choc … **5** … a mis le feu … **6** Une centaine de pompiers … ont dû être appelés … **7** … deux maisons … ont pu être sauvées **8** les autres (maisons) … ont été entièrement détruites **9** … un camion est tombé … **10** … le chauffeur a été tué … **11** … un camion … s'est couché … **12** … qui a dû être coupée … **13** Les habitants … ont été évacués … **14** … le trafic … a été arrêté. **15** … une explosion a pu être évitée: … **16** … il a dû être brûlé …

11 Le passif dans les blagues

1. – est menacée/wird bedroht — présent indicatif passif
   – tu es photographié/du wirst fotografiert — présent indicatif passif
2. – être écrasé/überfahren werden — infinitif passif
   – que nous soyons réveillés/dass wir geweckt werden — subjonctif présent passif
3. – vous serez tués et découpés/Sie werden getötet und in Stücke geschnitten werden. — futur indicatif passif
   – vous serez rôti/Sie werden gebraten werden. — futur indicatif passif
   – pour être mangé/um gegessen zu werden — infinitif passif
4. – j'ai été attaqué/ich bin angegriffen worden — passé composé indicatif passif
   – il a été blessé/er ist verletzt worden — passé composé indicatif passif
   – si son cheval n'avait été alerté/wenn sein Pferd nicht alarmiert worden wäre — conditionnel II passif
   – le blessé a été transporté/der Verletzte ist transportiert worden — passé composé indicatif passif
   – tu n'aurais pas été soigné/du wärst nicht behandelt/gepflegt worden — conditionnel II passif

12 Pour éviter le passif, il y a «on»

A votre école
1. Est-ce qu'on discute avec vous les décisions les plus importantes?
2. Est-ce qu'on prend au sérieux vos problèmes?
3. Est-ce qu'on écoute aussi ceux qui sont d'un autre avis?
4. Est-ce qu'on permet aux grands élèves de fumer aux récréations/pendant les récréations?
5. Est-ce qu'on vous surveille aux récréations?

En France
6. En France on fait assez souvent la grève.
7. Le soir du 14 juillet, on danse dans les rues de Paris.
8. Aux examens français on demande beaucoup aux élèves et aux étudiants.
9. Beaucoup d'étrangers ne savent pas que dans les bureaux de tabac on vend aussi des timbres.
10. En France, le 26 décembre n'est pas jour de fête/jour férié: on travaille.

13 Pour éviter le passif, il y a les verbes pronominaux

1. En français le passif s'emploie moins souvent qu'en allemand.
2. Le mot «revolver» s'écrit sans accent, mais la première syllabe se prononce «ré».
3. Les verbes courir, sauter et nager se conjuguent avec avoir.
4. En français tous les noms/substantifs s'écrivent avec minuscule.
5. Le «e» dans «nous mangeons» et la cédille dans «nous effaçons» s'oublient facilement.
6. Au passif tous les verbes se conjuguent avec être.
7. En français il y a une différence entre «se baigner» et «prendre un bain».
   Cette distinction ne se fait pas en allemand: les deux (mots) se traduisent par «baden».

14 Pour éviter le passif, il y a «se faire + infinitif»

a) 1. angeschrien/angebrüllt werden 2. se faire punir 3. überfahren werden 4. se faire critiquer 5. entlassen werden 6. se faire voler 7. umgeworfen werden 8. se faire tuer
b) 1. ... s'est fait écraser 2. ... s'est fait punir 3. tu te feras renvoyer 4. il se fait critiquer/gronder 5. nous sous sommes fait voler 6. il s'est fait renverser 7. ... s'est fait engueuler/critiquer 8. ... s'est fait tuer

Die Frage

1 Un tas de questions

1. As-tu ...? 2. Parles-tu déjà ...? 3. Comprends-tu ...? 4. Vous êtes-vous déjà habitués ...? 5. Avez-vous déjà ...? 6. Ton frère veut-il ...? 7. A-t-il trouvé ...? 8. Souffre-t-il ...? 9. Regrette-t-il ...? 10. Tes parents ne s'ennuient-ils pas trop ...? 11. Veulent-ils définitivement rester ...? 12. Sont-ils contents ...? 13. Ta mère s'entend-elle bien ...? 14. Se débrouille-t-elle déjà bien ...? 15. Refait-elle ...? 16. Vous reverrons-nous ...? 17. Ne viendras-tu jamais ...?

2 Formulez leurs questions

a) 1 Où tu vas? (Tu vas où?) 2 Tu viens boire un verre avec moi? 3 Tu ne travailles pas ...? 4 Tu travailles toujours ...? 5 Depuis quand tu as ...? 6 Comment tu as trouvé ...? 7 Tu sors toujours ...? 8 Pourquoi tu as vendu ...?
b) 1 Combien d'heures est-ce que je devrai ...? 2 A quelle heure est-ce qu'on commence ...? 3 Est-ce que j'aurai un bureau à moi seule? 4 Combien est-ce que je gagnerai ...? 5 Où est-ce que vous avez travaillé avant? 6 Pourquoi est-ce que vous avez quitté ...? 7 Qu'est-ce que vous attendez ...? 8 Est-ce que vous aimez le contact ...? 9 Quand est-ce que vous avez été ...? 10 Est-ce que vous y avez travaillé ...?
c) 1 Comment vous expliquez-vous ...? 2 Combien de temps avez-vous mis ...? 3 Pourquoi avez-vous décidé ...? 4 Le prochain film traitera-t-il ...? 5 Comment avez-vous choisi ...? 6 Le travail avec la star a-t-il été difficile? 7 Quand votre prochain film sortira-t-il? 8 Comment avez-vous découvert ...?

3 Les renseignements

1 Les musées sont-ils fermés le lundi? 2 Les bus circulent-ils le dimanche? 3 Le métro circule-t-il toute la nuit? 4 Le Louvre ferme-t-il à midi? 5 Les hôtels seront-ils complets en novembre? 6 L'exposition Le Corbusier se trouve-t-elle au Centre Pompidou? 7 Barbara chantera-t-elle à l'Olympia? 8 Quand le Salon de l'Automobile fermera-t-il ses portes?

4 Faisons le point

A 1 Le leur as-tu permis? 2 N'en avez-vous plus besoin? 3 Ne se sont-elles jamais disputées? 4 Leur en avez-vous déjà parlé? 5 N'y renoncera-t-elle pas?
B 1 Le 21e siècle a-t-il commencé en 2000 ou en 2001? 2 Les experts ne se sont-ils jamais trompés? 3 Ces amis ne se reverront-ils plus? 4 Cet apprenti fera-t-il des progrès? 5 Le film commence-t-il à 9 heures?
C 1 Pourquoi ne les avez-vous pas remerciés? 2 Comment s'appelle-t-elle? 3 Où passera-t-il ses vacances? 4 Quand reviendras-tu? 5 Pourquoi ne nous ont-ils pas répondu?
D 1 Quand l'ordinateur a-t-il été inventé? 2 Où vos parents se sont-ils rencontrés? 3 Pourquoi ces touristes n'ont-ils pas visité le Palais fédéral? 4 Où la Seine se jette-t-elle dans la mer? 5 Comment les élèves apprennent-ils une langue étrangère?

Die Verneinung

2 Au contraire

1 Personne ne les a vus. **2** Elle n'est jamais contente. **3** Je ne te l'expliquerai plus. **4** Elle n'a aucun ami (pas un seul ami). **5** Tu n'as pas du tout raison. **6** Je ne les ai vus nulle part. **7** Aucun (Pas un seul) voyageur n'est descendu. **8** Ce n'est rien d'intéressant. **9** Rien n'est parfait. **10** Il n'y a plus personne au bureau.

3 Tout s'explique

Mögliche Lösungen:
1 parce qu'il n'en a plus besoin **2** parce qu'elle ne va nulle part **3** parce qu'il ne se repose jamais **4** parce que ce travail ne lui plaît plus du tout **5** parce que cela ne me dit rien du tout **6** parce qu'il n'a plus aucun ami **7** que je ne les reverrai plus jamais **8** parce qu'il ne mange presque rien **9** il ne voit plus rien **10** parce qu'ils ne plaisent à personne **11** parce que personne ne s'occupe de lui **12** parce que aucune amie ne veut l'accompagner **13** car rien ne lui fait peur **14** parce qu'il ne connaît plus personne

4 L'argent seul ne rend pas heureux

1. Tout a commencé avec (par) le krach de la bourse (le krach boursier).
2. En un (seul) jour (En une journée), Alain Petitpierre a perdu tout son argent.
3. Depuis, il n'a plus un seul ami (il n'a plus aucun ami).
4. Personne ne se soucie (ne s'occupe) de lui.
5. Il ne peut confier ses soucis à personne.
6. La vie ne lui plaît plus: rien ne lui fait plaisir.
7. Aucun travail ne peut le satisfaire.
8. Il n'a plus aucune envie de vivre.
9. Il ne va ni au cinéma ni au théâtre: il ne va nulle part.
10. A la maison, il ne regarde jamais la télé et il n'écoute pas non plus de[1] disques.
11. Même la musique ne lui dit plus rien.
12. Il pense (Il se dit): c'est avec le krach que tout a commencé.
13. Jamais je n'oublierai ce jour.
14. Je n'ai plus rien dans la vie.
15. Je n'ai ni argent ni amis.
16. Je n'aime plus personne et personne ne m'aime.
17. Je ne serai plus jamais heureux.
18. Alain se trompe.
19. Il rencontre Laurent, un handicapé qui aime la vie.
20. Celui-ci devient son ami.
21. Grâce à cette amitié, Alain retrouve la joie de vivre.
22. – L'argent seul ne rend pas heureux et la santé non plus, dit Laurent. Je suis heureux parce que je vis.

[1] 97, besonders «Beachte».

5 Sûrement pas

1. Sûrement pas (Certainement pas; En aucun cas) **2.** nulle part **3.** Aucune idée **4.** Moi non plus **5.** Jamais de la vie (Surtout pas) **6.** Rien (Rien du tout) **7.** Ni l'un ni l'autre **8.** Plus personne **9.** Plus jamais (En aucun cas) **10.** Plus du tout **11.** Personne **12.** Sûrement pas (Jamais de la vie)

Die Einschränkung/La restriction

1 Continuez

1. Il ne s'intéresse qu'au tennis. 2. Il ne connaît que la France. 3. Ils ne parlent que le bernois (leur dialecte). 4. On ne vit qu'une fois. 5. Elles ne durent que ... 6. Il ne se nourrissent que de légumes. 7. Il n'a traduit que les phrases faciles. 8. Elle ne boit que du café décaféiné. 9. Il ne mange que deux fois par jour. 10. Il ne répond qu'aux questions intelligentes. 11. Il n'entend que de l'oreille gauche. 12. Il ne fait confiance qu'aux animaux (qu'aux femmes). 13. On ne sert que des boissons.

3 Dites la même chose en utilisant «ne ... que»

1. Elle n'a qu'une petite chambre. 2. On ne se voit que rarement. 3. Ce jeune Français ne parle que le français. 4. Eve n'a invité que des filles. 5. Ce musée n'est ouvert que le dimanche. 6. Ce journaliste n'écrit que des articles intéressants. 7. Olaf ne travaille que le matin. 8. Cet homme n'avait que des amis. 9. Il ne mange que du pain noir. 10. Je n'ai que peu de temps libre.

4 De mon temps tout était différent

Mögliche Lösungen:
1. Aujourd'hui, on ne travaille plus que 40 heures par semaine. 2. ... il ne vient plus qu'une fois par jour. 3. ... on ne voit plus que des voitures. 4. ... il n'y a plus que des trains électriques. 5. ... il n'en faut plus que cinq. 6. ... il n'y en a plus que 25, au maximum. 7. ... elles ne durent plus que 45 minutes. 8. ... ils n'en reçoivent plus que deux par an.

Die Hervorhebung / La mise en relief

1 C'est le ton qui fait la musique

1 C'est de l'argent qu'il me faut. **2** C'est le ton qui fait ... **3** C'est grâce à moi que vous avez réussi. **4** C'est la fin de la pièce qui nous a impressionnés. **5** C'est en la parlant qu'on apprend une langue. **6** C'est le russe qu'il aurait voulu apprendre ... **7** C'est la terre qui tourne ... **8** C'est à toi que tu penses ... **9** C'est dans le malheur qu'on reconnaît ces vrais amis. **10** C'est le meilleur qui a gagné.

2 Vous connaissez la France?

1 C'est Louis Pasteur qui a découvert ... **2** C'est le Prix Nobel qu'ils ont obtenu. **3** C'est la découverte du radium que nous leur devons. **4** C'est le Président de la République qui est ... **5** C'est en Suisse que le Rhône ... **6** C'est la Loire qui est ... **7** C'est depuis (Ce n'est que depuis) 1977 que Paris a un maire. **8** C'est en 1515 que François Ier a battu ... **9** C'est Saint-Claude dans le Jura français qui est ... **10** C'est la Seine qui traverse Paris.

3 Toute médaille a son revers

1 Mais c'est avec le cœur qu'on voit ... **2** ... que c'est l'intelligence humaine qui a permis **3** ... que c'est grâce aux crises que nous grandissons. **4** Mais c'est (ce sont) des problèmes presque insolubles que nous devons à ce progrès. **5** ... que c'est en écoutant qu'on apprend ... **6** ... que c'est lui qui est souvent ...

Das Verb und sein Complément

1 Tout le monde peut ... – Personne ne peut ...

Tout le monde peut ...: phrases 1, 4, 5, 8, 10, 12.
Personne ne peut ...: phrases 2, 3, 6, 7, 9, 11, 13.

3 En 60 secondes

écouter un conseil
se moquer d'un conseil
suivre un conseil

mentir à son patron
dépendre de son patron
flatter son patron

utiliser une règle
se servir d'une règle
suivre une règle

se souvenir d'une fête
prendre part à une fête
se rappeler une fête

aider son prochain
nuire à son prochain
se méfier de son prochain

apercevoir la frontière
s'approcher de la frontière
protéger la frontière

menacer son rival
fuir son rival
se débarrasser de son rival

souffrir d'une maladie
mourir d'une maladie
résister à une maladie

réagir à une question
poser une question
réfléchir à une question

se plaindre du désordre
s'habituer au désordre
éviter le désordre

s'adresser à un expert
avoir besoin d'un expert
pouvoir se passer d'un expert

rendre visite à ses voisins
s'occuper de ses voisins
s'intéresser à ses voisins

4 Deux fois huit

A 1. Je me contente d'un repas par jour. 2. Il faut se méfier de ces gens. 3. Elle ne se rend pas compte de toutes les difficultés. 4. Je doute de sa sincérité. 5. Je vais m'abonner à ce journal. 6. Qui prendra part à cette fête? 7. Tout le monde s'est moqué de son chapeau. 8. ... on jouit d'une vue magnifique.

B 1. Ça nuit à la santé. 2. Il souffre d'une grave maladie. 3. Je ne me souviens plus de votre nom. 4. Il rend visite à sa grand-mère. 5. Ils se réjouissent de leur grand succès. 6. Vous avez absolument besoin de quelques jours de repos. 7. Il se sert d'un marteau. 8. Elle craint les grands chiens.

5 Du tac au tac

1. lui répondre/y répondre/l'en remercier/les lui renvoyer
2. s'en rendre compte/y réfléchir/en parler/leur en parler
3. en avoir besoin/les attendre ... /ne pas pouvoir s'en passer/ne jamais y renoncer
4. s'y intéresser/la féliciter/l'en féliciter/s'en réjouir
5. s'en méfier/ne pas s'y intéresser/en douter/s'en contenter
6. les prévenir/les en prévenir/le leur annoncer/y prendre part

6 Complétez

1 Il s'en réjouit ... **2** Il y prend part ... **3** Il les attend ... **4** ... à y renoncer. **5** Il s'en souvient ... **6** ... s'en passer. **7** Il la souhaite ... **8** Il en jouit ... **9** Il en a besoin ... **10** Ils ne s'y intéressent pas ... **11** Ils préfèrent la fuir. **12** Ils la détestent ... **13** ... pour s'en débarrasser. **14** ... qui en souffrent. **15** Ils n'y vont que ... **16** Ils les évitent ... **17** ... ne pas y être invités. **18** ... les craignent même. **19** ... d'y prendre part ...

7 Méfiez-vous de l'allemand

1. la lettre	Le matin, je l'ai reçue[1].	
	L'après-midi, j'y ai répondu.	
2. la patronne	L'employé lui fait des compliments.	
	Il la flatte.	
3. le journal	Liliane s'y est abonnée[2].	
	Elle le lit tous les jours.	
4. la maison hantée	Le propriétaire veut s'en débarrasser.	
	Il veut la vendre.	
5. la fête	Je m'en souviens bien.	
	Tous mes amis y ont pris part.	
6. mes propositions	Tu t'en moques.	
	Tu n'y réfléchis pas.	
7. l'amie	Nous lui avons donné la main	
	et (nous) l'avons remerciée[1].	
8. les maux de dents	Essaie de ne pas y penser.	
	On n'en meurt pas.	
9. le collègue	Elle l'évite (Elle le fuit)	
	car elle lui doit 100 francs.	
10. l'inconnue	Il l'a rencontrée[1] dans[3] la rue	
	et (il) l'a suivie[1] jusqu'à la gare.	

[1] Zur Endung des Partizips 55.
[2] Zur Endung des Partizips 56.
[3] Zur Präposition 121.

8 Commentez ce qu'ils font

1 Le professeur souhaite bonne chance à ses élèves.
2 L'employé demande une cigarette à son collègue.
3 Le docteur dispense Georges du cours de gymnastique.
4 Sylvie rend les cassettes à son amie.
5 Le patron prévient (informe, avertit) les ouvriers de son absence.
6 Le mari félicite sa femme de son courage.
7 M. Brun avertit (prévient, informe) son assurance de son accident.
8 Elvire remercie son ami du beau cadeau.
9 Le professeur annonce une épreuve à ses élèves.
10 Le médecin interdit le sel à la malade.
11 La femme propose la séparation à son mari.

9 Dites-le en d'autres mots

1. Pour ouvrir la lettre, il s'est servi d'un couteau.
2. Elle souffre d'une angine.
3. Je ne pourrais pas me passer de vacances.
4. Ils se sont débarrassés de leurs manteaux.
5. Elle a envie d'une glace.
6. Il se méfie de son nouveau collègue.
7. Ils se sont moqués de ma proposition.
8. A ta place, je m'adresserais à un avocat.
9. Ils suivaient le guide.
10. Il n'a pas pris part (Il ne prenait pas part) à la discussion.
11. Il a couvert la table d'une nappe.
12. Il faut prévenir (avertir) nos voisins de notre départ.

10 Ce qu'ils auraient dû faire

1. L'automobiliste aurait dû avertir l'assurance de son accident.
2. Le président aurait dû remercier le secrétaire de[1] son grand travail.
3. Le directeur aurait dû annoncer à temps la date de l'examen aux élèves (aux élèves la date ...).
4. La ville aurait dû confier la rénovation de la chapelle au meilleur architecte.
5. Le jardinier aurait dû (re)couvrir les roses de branches de sapin.
6. Le directeur aurait dû informer ses collaborateurs et collaboratrices de ses projets.
7. Le jeune homme aurait dû offrir (proposer) son aide à l'invalide.
8. Le directeur du cirque aurait dû interdire ce numéro trop dangereux à l'acrobate
   (... à l'acrobate ce numéro ...).
9. Le guide aurait dû prévenir (avertir, informer) les touristes des dangers de l'excursion.
10. Le monde aurait dû féliciter mes parents de ma naissance.

[1] «pour» auch möglich

11 Un seul verbe en français – trois verbes en allemand

1. Was hast du sie gefragt?/Worum hast du sie gebeten?/Was hast du von ihnen verlangt?
2. Ich werde alles tun, worum du mich bittest./... was du von mir verlangst.
3. Er wagte nicht, euch danach zu fragen./ ... euch darum zu bitten./... es von euch zu verlangen.
4. Wen könnte man nach dieser Adresse fragen?/Wen könnte man um diese Adresse bitten?/Von wem könnte man diese Adresse verlangen?
5. Ich habe ihn nie etwas[1] gefragt./Ich habe ihn nie um etwas[1] gebeten./Ich habe nie etwas[1] von ihm verlangt.
6. Das ist ein Dienst, um den du niemanden bitten kannst./... den du von niemandem verlangen kannst.
7. Frag mich nicht (danach)./Bitte mich nicht darum./Verlange es (das) nicht von mir.

[1] Zum Sonderfall *rien=etwas* 104.

12 Dix questions

Peut-on

1 demander un service à son patron? **2** demander le chemin à un étranger? **3** demander des excuses à son chien? **4** demander pardon à un enfant? **5** demander 20 francs à un mendiant? **6** demander un peu de reconnaissance à ses enfants? **7** demander l'explication d'un problème de mathématiques au professeur de français? **8** demander conseil à une bête (à un animal)? **9** demander un minimum d'attention à ses élèves? **10** demander la lune à ses amis?

13 | Un seul verbe – plusieurs constructions I

1. ... tellement elle a (avait) changé.
2. ... il faut que tu changes de méthodes.
3. J'ai changé de projet (d'idée).
4. ... de les changer.
5. Il a (beaucoup) changé.
6. ... ne veut changer d'habitude(s).
7. Tout a changé.
8. ... le temps va changer, ...
9. ... changer l'argent suisse?

14 | Un seul verbe – plusieurs constructions II

1. ... croit à l'astronomie.../Je ne peux presque pas y croire./... elle ne croyait pas un mot...
2. ... je ne crois que la moitié .../... tu la crois[1] toujours./... on les croit plus facilement.
3. ... qui ne croient ni à l'amitié ni à l'amour./Ne les crois pas .../... je crois à la bonté de l'homme./... j'aimerais y croire ...

[1] Tu la crois = Du glaubst ihr, tu le crois = du glaubst es.

15 | Un seul verbe – plusieurs constructions III

1 ... qui sert de lieu de rencontre ... 2 ... auraient voulu leur parler ... 3 ... bien qu'ils parlent plusieurs langues ... 4 ... les a servis. 5 ... n'aurait-il pas servi de serviette? 6 ... en servant le café, ... 7 ... les journaux n'en parlent presque jamais. 8 ... ne servent à rien. 9 ... j'aurais voulu parler au rédacteur ... 10 ... que tout le monde peut lui parler. 11/12 leur a servi d'interprète. 13 ... pour servir des repas ... 14/15 ... pour parler aux clients de choses qui ... .

16 | Un seul verbe – plusieurs constructions IV

1. Dans cette famille, la musique et le sport jouent un grand rôle.
2. Le père joue de plusieurs instruments. Mais il joue aussi très bien au basket(-ball).
3. Deux fois par semaine, la mère joue au tennis avec son amie. Chaque jeudi soir, elle joue de la clarinette dans un petit orchestre.
4. La fille est actrice (comédienne). En ce moment, elle joue le rôle principal dans une pièce d'Anouilh. Dans une jolie scène, on la voit jouer aux cartes avec le roi. – Elle joue bien de la guitare. Autrefois, elle jouait au handball.
5. Le fils est encore petit. Il aime jouer aux Indiens, à cache-cache ou à d'autres jeux. Mais il aime aussi la musique et s'intéresse au sport. Il joue de la flûte à bec et au foot(ball).

17 | Rosalie et Robert se sont brouillés

a) 1. le servir/ne l'aide jamais 2. lui rend un service/ne l'en[1] remercie jamais 3. à ses problèmes à elle 4. lui parle de sa vie antérieure/ne l'écoute même pas 5. à ses questions 6. à ses amis de leurs difficultés/de son indiscrétion 7. de la menacer 8. l'a blessée/ne lui demande jamais pardon 9. ne l'informe jamais des ses projets 10. ne l'a même pas prévenue de son départ.

[1] In weniger gepflegter Sprache auch: Il ne la remercie jamais (ohne *en*).

b) 1. à son talent./de ses capacités./de flatter son collègue. 2. ne le félicite jamais de ses succès. 3. se moque de son ambition. 4. l'invite à une fête/ne veut pas y prendre part. 5. du piano/aux echecs. 6. de son ordinateur/lui en demander la permission. 7. le charge de toutes sortes ... 8. lui servir de chauffeur 9. lui promet/ne se souvient plus de ses promesses. 10. à sa mère.

18 Reconnaître le complément du verbe

4 qu'est-ce qu' *pronom interrogatif* **5** programme *nom* **6** le *pronom personnel* **7** qu' *pronom relatif* **8** que *pronom relatif* **9** leur *pronom personnel* **10** en *pronom adverbial* **11** qu'est-ce qu' *pronom interrogatif* **12** les mots *nom* **13** dont *pronom relatif* **14** article *nom* **15** qu' *pronom relatif* **16** dont *pronom relatif* **17** qu'est-ce qu' *pronom interrogatif* **18** leurs épreuves *nom* **19** en *pronom adverbial* **20** A quoi *pronom interrogatif* **21** le désordre *nom* **22** dont *pronom relatif* **23** des adultes *nom* **24** leur *pronom personnel* **25** qu' *pronom relatif* **26** de plus de mouvement *nom* **27** leur *pronom personnel*

19 Le savez-vous?

1. de ce monument/ne s'en sont pas débarrassés/dont ils auraient dû se débarrasser/de quel monument
2. à cet homme/lui doivent un cadeau/à qui ils doivent/à qui
3. a invité ce célèbre Français/l'a invité/que le roi de Prusse a invité/quel écrivain
4. à ce jeu/pour y jouer/auquel on joue/à quel jeu
5. jouait aussi d'un instrument/Il en jouait/dont il jouait/de quel instrument
6. a inventé un instrument/Il l'a inventé/qu'il a inventé/quel instrument
7. souffrait de cette maladie/qui en souffrent/dont les jeunes ne souffrent que rarement/de quelle maladie
8. obéissaient à une jeune fille/lui obéissent/à qui les soldats obéissaient/à quelle jeune Française

Der Infinitiv als Ergänzung

1 M. Gendre est en retard

1. Après avoir écouté les informations ... **2.** Après s'être levé ... **3.** Après avoir rempli ... **4.** Après s'être lavé ... **5.** Après s'être habillé ... **6.** Après être remonté ... **7.** Après s'être versé ... **8.** Après avoir lu ... **9.** Après s'être fait ... **10.** Après avoir jeté ... **11.** Après avoir terminé ... **12.** Après avoir bu ... **13.** Après avoir raté ... **14.** Après s'être excusé ...

2 Deux frères – deux caractères

1 d'avoir passé ... **2** d'avoir interrompu ses études ... **3** d'être incapable de se débrouiller. **4** d'être toujours resté ... **5** de s'être marié avec une femme qui ne le comprend pas. **6** de n'avoir aucun hobby. **7** d'avoir raté sa vie. **8** d'être parti ... **9** d'avoir appris ... **10** de parler ... **11** d'avoir un travail ... **12** d'avoir épousé ... **13** d'avoir fait ... **14** d'être devenu ... **15** d'avoir réussi ...

4 Qu'est-ce qui va ensemble?

1 C   2 A   3 B   4 G   5 F   6 E   7 D   8 H   9 K   (9 L)   10 O   11 N   12 L   13 I   14 M

5 A un correspondant étranger

Mon cher Christian

Je n'ose presque plus t'écrire tellement j'ai honte de ne pas avoir répondu[1] à ta longue lettre du 19 décembre. Je m'étais[2] proposé de t'écrire encore avant Noël. Je ne sais vraiment pas pourquoi je ne l'ai pas fait.
Il (Ce) serait facile d'inventer (de trouver) une excuse mais je préfère (j'aime mieux) te dire la vérité: j'ai tout simplement oublié de te répondre. Aujourd'hui je te demande (je te prie) d'excuser mon long silence. Tu ne peux pas savoir combien je regrette de t'avoir déçu. Je déteste décevoir mes amis. J'espère que tu vas continuer (tu continueras, que tu continues) à[3] correspondre avec moi. Crois-moi: à l'avenir je me dépêcherai de te répondre.
Tu écris que ta classe a décidé de faire un voyage à Paris, l'année prochaine. Je vous félicite d'avoir choisi cette ville magnifique (superbe, merveilleuse): elle vaut[4] vraiment le[5] voyage.
Tu écris aussi que tes camarades t'ont chargé d'organiser ce voyage parce que tu sais bien le français. Je te recommande de ne pas attendre trop longtemps: on a souvent de la peine (du mal) à trouver un hôtel pas trop cher. D'ailleurs, je pourrais peut-être t'aider à en[6] trouver un. Veux-tu que je demande à mon oncle de m'envoyer quelques adresses? Il travaille dans l'hôtellerie et (il) est toujours prêt à me rendre (un) service. Si tu désires (souhaites) recevoir ces adresses, tu n'as qu'à me le dire: je n'hésiterai pas à téléphoner à oncle Frédéric (à appeler oncle Frédéric).

Cher Christian, j'espère avoir bientôt de tes nouvelles.

[1] In besonders gepflegter Sprache auch: de n'avoir pas répondu.
[2] Zur Wahl des Hilfsverbs 53.
[3] auch: de
[4] valoir 26.
[5] abweichend vom Deutschen: *le* (statt *un*).
[6] 106.

6 Un drame en 5 actes

a) Lösungen im Buch.
b) **1** de **2** à **3** de **4** de **5** à **6** de **7** Ø **8** de **9** de **10** d'
c) **1** d' **2** à **3** de **4** à
d) **1** Ø **2** de **3** Ø **4** Ø **5** à **6** de **7** de **8** d' **9** de **10** Ø **11** de **12** de **13** de
e) Der Nachtwächter wird entlassen, weil er während der Dienstzeit schlief.

7 | On a le droit d'être différent

1. Ils nous ont invités à venir ... **2.** Mais Robert déteste passer ... **3.** Les autres semblent aimer ... **4.** Lui, il croit étouffer ... **5.** Il n'a aucun plaisir à écouter ... **6.** Il préfèrerait[1] ne pas être invité ... **7.** Si seulement il osait refuser ... **8.** ... il craint d'être impoli. **9.** ... il me dit d'aller seule ... **10.** Il me charge de l'excuser ... **11.** Quelquefois il regrette de ne pas être ... **12.** ... il n'est pas prêt à devenir ... **13.** ... Robert ne devrait pas avoir honte de ne pas être ...

[1] Neue Schreibweise; die alte (mit é) ist immer noch gültig.

8 | Cavaillon, le jardin du melon

a) **1** d' **2** d' **3** à **4** de **5** à **6** Ø **7** à **8** à **9** d'
b) **1** de **2** à **3** de **4** Ø **5** de **6** à **7** à **8** de

9 | Bugatti, un grand créateur

1 Ø **2** Ø **3** à **4** de **5** d' **6** d' **7** à **8** à **9** Ø **10** d' **11** de **12** de **13** de **14** à **15** d' **16** Ø **17** de **18** de **19** à **20** de **21** de **22** de **23** à **24** de **25** de **26** d'

10 | Le comble de l'optimisme

1 à **2** de **3** Ø **4** à **5** de **6** de **7** à **8** Ø **9** Ø **10** de **11** d' **12** à **13** de **14** de **15** Ø **16** de **17** Ø **18** à

Nomen, Nomenbegleiter und Adjektiv

1 Qu'est-ce qui va ensemble?

I   un train souterrain
    quel matelas dur
    une expression familière
    quels moustiques agressifs
    un pari intéressant
    des ailes légères

II des parapluies mouillés
    du sable blanc
    un jeu amusant
    quels virages dangereux
    une ombre obscure
    ma musique préférée

III un masque africain
    quels jours merveilleux
    des matières ennuyeuses
    son adresse personnelle (définitive)
    une réponse définitive (personnelle)
    un hiver froid

2 Devinettes

1. le manche = der Griff 2. le voile = der Schleier 3. la poste = die Post 4. la livre = das Pfund 5. la manche = der Ärmel 6. le poste (de radio) = der Apparat 7. la voile = das Segel 8. le mode = der Modus 9. la mode = die Mode 10. la Manche = der Ärmelkanal

3 Les mots parallèles

1. un 2. un 3. une 4. une 5. cet 6. une 7. ce 8. un 9. cet 10. son 11. le 12. un/la

4 Cherchez l'intrus

1. le Rhône 2. le Canada/le Mexique 3. le haricot/l'ananas 4. la cage/la plage 5. le stade 6. le silence 7. le bonheur/l'honneur m. 8. la prison/la boisson 9. la peau/l'eau f. 10. le côté

5 L'imperméable

1 le musée 2 pressés 3 le numéro 4 un groupe 5 du Tour de France 6 un banc 7 peint 8 son violon 9/10 une petite valse 11 âgées 12 la planète 13 amoureuses 14 la vedette 15/16 le rôle principal 17 un million 18–20 la meilleure star française 21 La Tour de Babel 22 un melon 23 un tube 24 une espèce 25 bleu 26 noires 27 son cigare 28 une recrue 29/30 tous ces espaces verts 31/32 une vraie merveille 33 une exposition 34/35 vieux vases chinois 36/37 la grande salle 38 merveilleuses 39–41 le meilleur peintre français 42 assise 43 sa façon 44 le contrôle 45/46 la tache mouillée 47/48 son imperméable neuf 49 une fusée 50/51 un geste désespéré 52 le choix 53 un imperméable

6 M. Amarre en a marre

a) 1 une terrible courbature 2 mauvaise 3 aucune 4 une cage 5 le visage 6 souriant 7/8 son honneur personnel 9/10 le vieux sapin 11/12 le stade du village 13/14 une grande inquiétude 15 gros 16/17 un violent orage 18 le paysage 19 un tracteur 20 le silence 21 noires 22 cette 23 aucune 24 toutes 25 tous 26 la Saône 27 le Rhône 28 la Loire 29 polluée 30 le Rhin 31 le Portugal 32 la Suisse 33 le courage 34 le dos

b) 1/2 une décision importante 3/4 sa prison française 5 le Canada 6 le Mexique 7 nouveaux 8 le Mexique 9 froids 10 mouillés 11/12 à la bonne chaleur 13 jolies 14 son mécontentement 15 la liberté 16/17 le vrai bonheur 18/19 sa petite Renault 20/21 son nouvel ordinateur 22 sa collection 23 lourds 24/25 son vieil accordéon 26/27 le drapeau français 28/29 mon côté sentimental 30 son mariage 31/32 son salaire n'est plus le même 33/34 une grosse voiture 35/36 la région parisienne 37 le jeu 38 la banalité 39 le bonheur 40/41 la sécurité matérielle 42 son prix

7 Féminin ou masculin?

la douleur, le désespoir, l'environnement m., une erreur, le chagrin, le chômage, la comparaison, la beauté, le courrier, la gloire, la solitude, la mémoire, le baladeur, la pollution, le recyclage, la vallée, le rateau, le mépris, la méprise, le degré, le carrousel, la bataille, le bétail, la lentille, la grossesse, la valeur, la quittance, un aviron, la baignade, la contradiction, la naissance, la preuve.

8 Du verbe au nom

1. le voyage 2. la discussion 3. le mensonge 4. le repos 5. la peinture 6. la traduction 7. la prononciation 8. la construction 9. la danse 10. le vol 11. l'observation 12. la punition 13. le nettoyage 14. la découverte 15. le choix 16. la déception 17. la permission 18. la promesse 19. le départ 20. la lecture 21. le mariage

9 Une belle musique

1. un bel opéra 2. un vieil ordinateur 3. un nouvel accordéon 4. un bel immeuble 5. un vieil amour 6. un bel album 7. un vieil arbre 8. un bel avril 9. un nouvel anorak 10. un vieil hôtel

10 Dominique

«Le travail de jardinière ne me plaît pas du tout. Ma patronne est toujours mécontente et mes copines sont agressives», dit Dominique, une jeune apprentie à sa marraine. «Pourquoi ne deviens-tu pas dessinatrice comme moi? Ou actrice comme ta cousine? demande celli-ci à sa filleule malheureuse. J'ai une bonne collègue qui est directrice de théâtre. Veux-tu que je lui parle de toi?»
Dominique veut bien. Elle est folle de joie. Peu de temps après, elle quitte son apprentissage et sa vie change complètement. Elle passe son temps dans les coulisses. Elle fait la connaissance d'une ancienne danseuse qui lui donne beaucoup de bons conseils. «Une vraie professionnelle», se dit Dominique. Elle se lie d'amitié avec la vieille concierge et sa petite chienne nerveuse. Elle aime discuter avec une jeune musicienne de l'orchestre, une violoniste espagnole. Bref, la future actrice devient une excellente observatrice et une auditrice attentive et elle profite énormément de l'expérience de ses nouvelles amies.
Enfin, le grand jour de sa première entrée en scène arrive. Dominique est si fière de son premier rôle qu'elle invite un tas de gens à venir à la première: sa mère et sa grand-mère, ses sœurs jumelles, une tante handicapée et ses anciennes camarades d'école et même Mme Daloz, leur médecin de famille.
Toutes ces spectatrices venues exprès pour elle sont assises au premier rang. Elles attendent impatiemment le grand moment de la jeune actrice. Enfin, au 3e acte, ça y est. Dominique apparaît déguisée en princesse anglaise portant une grosse chatte sur ses bras. Une serveuse lui offre un verre de champagne. Le rôle de Dominique consiste à refuser le champagne en disant «Non merci».

11 Pas de règle sans exception

1 des bijoux précieux 2 des accidents fatals 3 des hôpitaux cantonaux 4 des cailloux gris 5 des animaux heureux 6 des canaux régionaux 7 ces vieux chevaux 8 des bureaux internationaux 9 des exercices grammaticaux 10 des vitraux ovales[1] 11 des généraux furieux 12 des détails banals 13 ses travaux principaux 14 des prix fous 15 des bateaux légers 16 des coups brutaux 17 quels choix malheureux 18 des musées spéciaux 19 des yeux tristes 20 des portails lourds 21 ces métaux dangereux 22 quels beaux châteaux 23 des lieux tranquilles 24 ces nouveaux journaux 25 des feux impressionnants 26 ces choux frais 27 ces pneus neufs 28 ces beaux messieurs 29 des gestes amicaux 30 tous ces scandales[2]

[1] ovale endet bereits männlich Einzahl auf -e (ovale).
[2] scandale m. endet nicht auf -al, sondern auf -ale.

12 Faisons le point

A **1** L'ancienne cuisinière était sportive. **2** Quelle danseuse musicienne! **3** C'est la meilleure actrice. **4** Cette concierge parisienne est agressive. **5** L'ancienne directrice générale est mécontente. **6** Tu connais cette pianiste fribourgeoise? **7** La première candidate est Genevoise. **8** Cette dessinatrice est une vraie professionnelle. **9** Tout le monde connaît cette vieille menteuse. **10** Quelles auditrices fidèles!

B **1** de la saucisse fraîche **2** Quels beaux abricots! **3** une belle langue étrangère **4** des moustiques agressifs **5** une décision définitive **6** des activités professionnelles **7** la pêche sous-marine **8** des vacances merveilleuses **9** la profession la plus intéressante **10** des pâtes cuites

C **1** mon vieil ami **2** le nouvel horaire **3** un bel écureuil **4** Cet athlète est fort. **5** Qui aidera ce vieux handicapé? **6** Cet orage a détruit le plus bel arbre. **7** le nouvel exemplaire **8** Quel bel oiseau! **9** Jetez ce vieil arrosoir. **10** Le nouvel appartement coûte cher.

D **1** des cheveux blonds **2** des exercices oraux **3** Quels beaux parcs nationaux! **4** Ce sont (C'est) des travaux originaux. **5** Quels détails amusants! **6** Elle mange des oeufs durs. **7** On m'a donné des coups brutaux. **8** Quels beaux exemples! **9** Ces vieux os sentent mauvais. **10** mes maux[1] de tête

[1] Kopfweh haben = *avoir mal à la tête,* das Kopfweh = *le mal de tête/les maux de tête.*

13 Combinez, c'est logique

1 un espoir fou **2** le silence **3** un vase **4** une jeune boulangère **5** la prison **6** une mauvaise menteuse **7** une cage **8** un contrôle exact **9** une belle tente **10** une grande déception **11** une planète **12** un numéro (un chiffre) **13** le garage **14** un abricot **15** une bonne amitié **16** un seul magazine **17** le raisin **18** des yeux bleus **19** un père sévère **20** une secrétaire joyeuse (gaie) **21** Quel scandale! **22** le repos

Der Artikel – der häufigste Nomenbegleiter

1 Le long week-end

1 le lundi 2 le samedi 3 samedi prochain 4 samedi 5 samedi soir 6 le docteur 7 dimanche 8 lundi 9 lundi 10 le lundi 11 lundi prochain 12 lundi 13 le 14 juillet 14 Monsieur le Président 15 lundi 16 lundi soir 17 Mme la Directrice 18 l'année prochaine 19 M. le Directeur

2 La réclamation

Madame la Directrice

Vendredi dernier, j'ai commandé deux disques dans votre magasin. La vendeuse m'a dit[1] qu'[2]ils seraient[3] là jeudi matin. Comme je travaille le matin, je ne suis venue que l'après-midi. A ma grande déception, la vendeuse avait déjà vendu mes disques à un autre client. La même vendeuse – elle a les cheveux longs et le teint pâle – m'a déjà souvent mal servie[4]. L'année dernière, par exemple, elle m'a recommandé[5] un livre sur le Général de Gaulle qui avait une très mauvaise critique; et le mois dernier, elle m'a fait[6] attendre inutilement deux ou trois fois (et deux ou trois fois, le mois dernier, elle …). Je suis Italienne; je pense (je crois) qu'[2]elle n'aime pas les étrangers. Il ne me faut (faudra) les deux disques que[7] la semaine prochaine. Je vous prie de me les[8] envoyer à la maison (chez moi). S'ils ne sont pas là (arrivés) le 1er septembre, je ne mettrai plus jamais les pieds dans votre magasin.

Avec mes meilleures[9] salutations   Sandra Turrisi.

[1] Signalwort «et puis/ensuite» (31–34); deshalb wird das deutsche Imperfekt nicht durch ein Imparfait wiedergegeben, sondern durch das Passé composé. (Die Handlung schreitet voran: a) bestellen b) und dann erst sagen.)
[2] Im Deutschen ist die Konjunktion *dass* weggelassen, im Französischen muss *que* gesetzt werden.
[3] Was von der Vergangenheit aus gesehen noch in der Zukunft liegt, steht im Conditionnel 37–38.
[4] Zur Endung des Partizips 55.
[5] Zur Endung des Partizips 54 unten.
[6] Das deutsche Verb *lassen* hat zwei verschiedene Bedeutungen.
  Bedeutung a): *zulassen*, was der andere tut; französisch = *laisser*.
  Bedeutung b): *veranlassen*, dass der andere etwas tut; französisch = *faire*.
  (Das Partizip *fait* ist vor einem Infinitiv immer unveränderlich.)
[7] ne … que = erst 65.
[8] Zum Doppelpronomen 108.
[9] Superlativ 117.

3 Qu'est-ce qu'il faut pour …?

Mögliche Lösungen:
2. du pain 3. de la monnaie 4. de l'argent 5. du bois/du charbon/de l'électricité/du mazout 6. de la neige 7. du tabac 8. de l'eau 9. du soleil 10. de la chance 11. du vent 12. du shampooing 13. de l'imagination *Fantasie* 14. de la force 15. de la patience 16. du talent 17. du courage 18. de l'intelligence 19. de l'air 20. du génie

4 Le nom caché

Mögliche Lösungen:
1. Il faut du lait … 2. … il faut beaucoup moins de temps. 3. … on n'a pas encore de dents. 4. Pour faire de la glace … 5. … il faut un petit verre de kirsch. 6. On met du parfum … 7. On fait des rêves … 8. L'homme a 5–7 litres de sang … 9. On fait de la gymnastique … 10. Il faut pas mal de chance … 11. Il faut du courage … 12. … de ne pas avoir assez d'argent de poche. 13. Il faut plusieurs mètres d'étoffe … 14. … nous fournissent du miel.

5 Au restaurant

1 une assiette de crudités **2** des crudités **3** des coliques **4** des escargots **5** avec de l'ail **6** beaucoup de beurre **7** une bonne goutte de vin **8** une douzaine d'escargots **9** avec du pain **10** un demi-litre de Bourgogne **11** comme de l'eau **12** comme du vin **13** des escargots **14** des filets **15** sans sauce **16** du poisson **17** je n'ai plus mangé de poisson **18** une dizaine d'années **19** je n'aime pas le[1] poisson **20** des frites **21** une belle portion de frites **22** avec de la mayonnaise **23** un tas de clients **24** des fraises **25** de la glace **26** 4 boules de glace **27** avec de la crème **28** beaucoup de crème **29** un verre de kirsch **30** une tranche de Gougelhof[2] **31** du courage **32** du caractère **33** tant de patience

[1] Nach *aimer/adorer/détester* steht der bestimmte Artikel 94.
[2] Auch *kouglof* geschrieben.

6 A toute vitesse

Faire	de la planche à voile / du bruit / une pause / confiance / un travail écrit / attention / de la musique / une excursion / du sport / signe à qn/ un exercice / plaisir / du théâtre / une scène / un rêve / du camping / un pied de nez / du yoga
Avoir	envie / des soucis / une bonne idée / peur / du génie / des vacances / besoin / de l'énergie / faim / raison / du goût / tort / un coup de soleil / honte / de la discipline
Prendre	de la confiture / place / une photo / du lait / un bain / feu / une décision / un taxi
Perdre	du temps / de l'argent / patience / courage

Vom Nomenbegleiter zum Pronomen

1 Extrait d'une lettre

1 cette **2** cet **3** cette **4** c'est **5** cette **6** cet **7** c'est **8** cet **9** cette **10** c'est **11** cette **12** cet **13** cette **14** cet **15** cet **16** c'est **17** cette **18** cette **19** cette

2 Attention à la voyelle

1. Je ne le trouve pas tellement beau, cet album. **2.** Je ne le trouve pas tellement vieux, cet avion. **3.** ... tellement bon, cet article. **4.** ... tellement beau, cet appartement. **5.** ... tellement vieux, cet atlas. **6.** ... tellement petit, cet ordinateur. **7.** ... tellement vieux, cet homme. **8.** ... tellement beau, cet immeuble.

4 Le bracelet

1 celui que **2** celui que **3** celui-là **4** celui que **5** ceux-là **6** celui qui **7** celui qui **8** celle qui **9** celui de **10** celle de **11** ceux qui

5 Mini-traductions

1. Au magasin
– Quelle[1] est la différence entre ces deux pullovers?
– Celui-ci est en coton, celui-là en laine.
  Mais (tous) les deux sont de bonne qualité. Choisissez celui qui vous va mieux[2]. Je crois que[3] c'est celui que vous avez essayé d'abord (en premier).
– Oui. Mais est-ce que je pourrais encore essayer ceux que j'ai vus[4] en vitrine (dans la vitrine)?
– Bien sûr (Naturellement). Mais ceux-là sont beaucoup plus chers.

2. Deutsches Sprak – schweres Sprak
Dites-moi, les[5] filles: Où est celle qui a surpris les voleurs?
Où est celle qui a surpris ceux qui voulaient voler le collier de diamants?

[1] *Quel* ist auch veränderlich, wenn es durch *est/sont* vom Nomen getrennt ist.
[2] 117 (Vergleich).
[3] Im Deutschen wird nach glauben, denken, meinen, finden usw. die Konjunktion «dass» oft weggelassen.
   Im Französischen jedoch ist *que* obligatorisch: je crois *que*, je pense *que*, je trouve *que*, etc.
[4] 57.
[5] Eine Besonderheit des Französischen: Die Anrede «Kinder», «Freunde», etc. verlangt den bestimmten Artikel:
   Venez *les* enfants/Salut *les* copains/Bonjour *les* élèves.

6 Les invités

1 sa **2** leur **3** ses **4** son **5** leurs **6** leur **7** sa **8** ses **9** leurs **10** son **11** leur

7 Ce qu'ils ne donneraient pour rien au monde

sa guitare et ses deux chats/leurs jeux vidéo et leur ordinateur/son aquarium et ses livres/leur avenir et leurs espoirs/leur confort et leurs souvenirs/sa femme de ménage et ses appareils ménagers/leurs récréations et leurs vacances/son chien-guide et sa canne blanche/leurs forêts et leurs lacs/son atelier et ses pinceaux/leurs iglous et leurs vêtements chauds/son talent et sa voix/leur liberté et leurs Alpes/leur bonne cuisine et leurs restaurants

8 Rien que des malentendus

1. son ordinateur: gemeint ist nicht, wie der Gesprächspartner irrtümlich annimmt, der Computer der Schwester (son ordinateur à elle), sondern derjenige von Felix. Deshalb: son ordinateur à lui.
2. leur voiture: Das Auto der beiden Mädchen ist nicht schrottreif (leur voiture à elles), wohl aber dasjenige des Ehepaars Dentand (leur voiture à eux).
3. Mit seinem eigenen Haus (sa maison à lui) könnte Herr Sandrin tun, was er will. Nicht aber mit dem Haus seiner Frau (sa maison à elle).

9 Son invention – sa nouvelle invention

1. son enfance/sa première enfance
2. son appartement/son nouvel appartement
3. mon amie/ma meilleure amie
4. mon épreuve/ma dernière épreuve
5. ton imperméable/ton vieil imperméable
6. son idée/son[1] excellente idée
7. ton adresse/ta nouvelle adresse
8. son amour/son grand amour
9. son auto/sa petite auto
10. son énergie/sa grande énergie

[1] Auch vor einem weiblichen *Adjektiv*, das mit Vokal beginnt, wird *sa* zu *son*.

10 Toujours mécontente

1. la mienne/la tienne/la leur
2. la nôtre/la leur
3. les nôtres/les siens

11 A qui sont-ils?

1 les miens 2 les tiens 3 la tienne 4 la mienne 5 la tienne 6 les miens 7 le vôtre 8 les leurs 9 les nôtres 10 le mien 11 la sienne 12 la tienne

12 Démonstratif ou possessif?

1 celles 2 celles 3 les nôtres 4 les leurs 5 aux vôtres 6 aux miens 7 à ceux 8 à ceux 9 les leurs 10 la nôtre 11 celui-ci 12 les tiens 13 les miens 14 ceux 15 les siens 16 ceux 17 ceux 18 ceux

13 Qui connaît la réponse?

1. laquelle 2. quelle 3. quel/auquel 4. laquelle 5. quels 6. laquelle 7. lequel 8. quelle 9. quelle 10. quelles 11. quel/quelle 12. lequel 13. quelle 14. quel 15. quel

14 Au bistro

1 à quoi 2 lesquelles 3 quel 4 lesquels 5 à quoi 6 contre quoi 7 quel 8 à qui 9 de quoi 10 quelle 11 quels 12 à côté de quoi 13 de qui 14 de quoi 15 lequel 16 quel 17 sans quoi

15 Elle aime les allusions

1 Qui est-ce que tu n'as pas reconnu? **2** Qu'est-ce qui va m'inquiéter? **3** Qui est-ce que tu n'as pas renvoyé? **4** Qui est-ce qui est venu …? **5** Qu'est-ce qu'il ne savait pas? **6** Qu'est-ce qu'il t'avait promis? **7** Qu'est-ce qui n'est pas son genre? **8** Qui est-ce qui l'a envoyé? **9** Qui est-ce qu'il a épousé? **10** Qu'est-ce qu'elle n'a pas oublié?

16 Seize questions

1. Qu'est-ce qu'on …? **2.** Qui est-ce qui a voulu jeter …? **3.** Qui est-ce que Tell …? **4.** Qu'est-ce qui s'est passé …? **5.** Qui est-ce qui doit …? **6.** Qu'est-ce qui intéresse …? **7.** Qui est-ce qu'on appelle …? **8.** Qu'est-ce que les vignerons …? **9.** Qu'est-ce qui peut …? **10.** Qui est-ce qu'on fait venir …? **11.** Qu'est-ce qu'on souhaite …? **12.** Qui est-ce qui s'occupe …? **13.** Qu'est-ce qu'il nous faut …? **14.** Qu'est-ce qui contient …? **15.** Qu'est-ce qu'on ajoute …? **16.** Qu'est-ce qui nuit …?

17 A chacun son goût

1 chacune **2** chaque **3** chacune **4** chaque **5** chacun **6** chaque **7** chacune **8** chacune **9** chaque **10** chacun **11** chacun

18 Le coffre-fort du boulanger

1 aucune **2** aucune **3** quelques-unes **4** aucun **5** pas une seule fois **6** quelques **7** quelques **8** quelques-uns **9** aucun **10** quelques **11** quelques-unes **12** quelques **13** quelques **14** quelques **15** quelques-unes **16** aucun **17** pas un seul **18** quelques-uns **19** aucun **20** quelques **21** quelques

19 Pas tous – quelques-uns …

1. … pas tous. Quelques-uns sont assez grands. **2.** … pas toutes. Quelques-unes sont ennuyeuses. **3.** … pas tous. Quelques-uns sont très mécontents. **4.** … pas tous. Quelques-uns sont très calmes. **5.** … pas toutes. Quelques-unes sont très adroites. **6.** … pas toutes. Quelques-unes sont plus vieilles (âgées) … **7.** … pas tous. Quelques-uns sont plutôt inutiles. **8.** … pas toutes. Quelques-unes sont faciles à comprendre. **9.** Pas tous … . Quelques-uns sont masculins. Par exemple: le vase, le rêve, le silence, l'incendie, etc.

20 On n'a jamais fini d'apprendre une langue

1 toute **2** tout **3** tous **4** toutes **5** tous **6** tous **7** toutes **8** toutes **9** toute **10** toutes **11** toutes **12** tous **13** toutes **14** tous **15** tous **16** tous **17** toutes **18** tous **19** toutes **20** tout **21** toute

21 Quel stress, ces vacances!

1 tout **2** tout **3** tout **4** tout **5** tout **6** tout **7** tous **8** tout **9** toute **10** tout **11** tous **12** toute **13** toute **14** tous **15** tout **16** tout **17** tout **18** toutes **19** tous[1] **20** tous **21** tout **22** toutes **23** tout **24** tous **25** tout

[1] Das -s von *tous* ist ausgesprochen. Sinn: *tous* (alle diese Leute) *sont des égoïstes.*

22 Monsieur le Directeur

J: Vous êtes directeur d'une grande école. Est-ce que chaque élève vous connaît?
D: Je pense bien. Chacun me voit de temps en temps.
J: Et vous? Est-ce que vous connaissez tous les élèves?
D: Tous[2]? C'est impossible.
J: Mais vous connaissez toutes les classes?
D: Je vois chacune deux à trois fois par an, quand j'assiste à une leçon.
J: Alors vous connaissez quelques élèves par leur nom?

D: Oui, dans chaque classe il y en a plusieurs que je connais personnellement. Et dans les classes où j'enseigne moi-même, je les[1] connais tous[2], naturellement.
J: Est-ce que vous avez aussi des classes difficiles?
D: Non. Pas une seule (Aucune). Quelques-unes sont peut-être moins disciplinées, mais aucune n'est vraiment difficile.
J: Vous avez de la chance.

[1] Ein hinter dem Verb stehendes *tous/toutes* (= alle) verlangt als Stütze immer ein *les* vor dem Verb.
[2] Das -s wird ausgesprochen.

23 Mini-traductions

– Qu'est-ce que tu veux manger? (Que veux-tu ...?)
– Rien. Je n'ai pas faim[1].
– Ça ne va pas. Tu n'as rien mangé depuis ce matin. Il faut que tu manges quelque chose. Je te fais (prépare) quelque chose de léger, d'accord?
– Si tu veux ... . Mais vraiment rien de gras, s'il te plaît.
– Peut-être une omelette? Il n'y a ...
– ... rien de meilleur[2] qu'une omelette aux herbes, je sais.
  Mais j'aimerais mieux (je préfèrerais[3]) quelque chose de froid.
– Une assiette de crudités?
– Plutôt un bircher. Personne ne le fait mieux[2] que toi.

[1] Wegfall des Artikels 98.
[2] Vergleich 117.
[3] Auch: je préférerais

– Jean a besoin de leçons particulières en mathématiques.
  (Est-ce que) tu peux me recommander quelqu'un? (Moi,) je ne connais personne.
– Rien de plus simple que ça: j'ai un voisin qui donne des leçons. Quelqu'un d'extrêmement sympathique.
– Pourvu qu'il ne soit[1] pas trop gentil. Jean a besoin de quelqu'un de sévère.
– Mon voisin peut aussi être sévère, s'il le faut. Et puis il est très compétent. Je ne connais personne de plus compétent.

[1] Subjonctif de volonté 46 unten.

24 Faisons le point

A **1** ... celui de Gaby. **2** Duquel s'agit-il? **3** ... les nôtres. **4** Chacun a une autre couleur. **5** A laquelle? A Lili. **6** ... celle-là. **7** Tous. **8** Quelques-unes ... **9** ... n'en a aucun. **10** Toi, tu les connais tous.
B **1** Qui est-ce qui ...? **2** Qu'est-ce que ...? **3** Qu'est-ce qui ...? **4** Qui est-ce que ...? **5** Qu'est-ce qui ...? **6** Qu'est-ce qui ...? **7** Qui est-ce que ...? **8** Qui est-ce qui ...? **9** Qu'est-ce que ...? **10** Qu'est-ce qui ...?
C **1** Pour qui ...? **2** De quoi ...? **3** A qui ...? **4** Avec quoi ...? **5** A côté de qui ...?/A côté de mon ami. **6** A qui ...? **7** Contre quoi ...? **8** De quoi ...?/De chocolat. **9** De quoi ...?/D'un problème de maths. **10** Avec qui ...?
D **1** pendant son enfance. **2** Cet appartement est trop petit. **3** mes parents et ceux de René **4** C'est quelqu'un de très sympathique. **5** Ce sont les vélos des jumeaux? – Oui, ce sont les leurs. **6** Personne ne connaît mon adresse. **7** Il m'a raconté quelque chose d'intéressant. **8** Qui est-ce que tu attends? (Qui attends-tu?) Un copain. **9** Il ne me rapporte jamais rien de ses voyages. **10** mon ancienne amie

Das Personalpronomen und die Adverbialpronomen «y» und «en»

1 Le bon traducteur

Mit der Antwort «Je» beweist der junge Mann, dass er noch ein Französisch-Anfänger ist (und also kein guter Übersetzer). Er weiss nicht, dass «je» nur vor einem Verb stehen kann – wie alle «formes faibles» des Personalpronomens. Ohne nachfolgendes Verb kann nur eine «forme forte» verwendet werden, also moi, toi, lui, etc.

2 Une famille bien unie

1. eux aussi 2. elles non plus 3. lui aussi 4. elle aussi 5. lui non plus 6. eux aussi 7. eux non plus 8. lui non plus

3 Moi, toi, lui ...

1 Toi? 2 Elles? 3 Eux? 4 Nous? 5 Lui? 6 avec eux 7 sans lui 8 pour elle 9 sur lui 10 de moi 11 chez moi (chez nous) 12 à eux

4 Rendez-nous la liberté

1 moi 2 nous 3 les 4 nous 5 eux 6 de lui 7 elle 8 lui 9 nous 10 elle 11 nous 12 elle 13 lui 14 moi 15 d'elle 16 lui 17 lui 18 nous 19 eux 20 leur 21 leur 22 leur

5 La leçon

A dix heures, le téléphone sonne chez elle. A l'autre bout du fil, il y a un monsieur qui lui dit qu'il s'appelle Paul et qu'il s'intéresse à ses leçons d'anglais. Pour pouvoir la rencontrer, il lui donne rendez-vous dans un de ces restaurants chic de Paris.
Quand elle y arrive, Paul l'attend déjà. Elle le trouve plutôt sympathique. Il lui tend la carte et lui[1] demande ce qu'elle veut manger. Il l'invite même à choisir le meilleur menu. C'est lui, dit-il, qui le lui[2] offre.
A l'apéritif, Paul commence à lui[3] parler des leçons d'anglais qu'elle doit lui donner. Le prix qu'il lui propose la rend folle de joie. Ces leçons lui permettront enfin de payer ses dettes et l'[4]aideront à oublier les moments difficiles des mois passés. Quelle chance!
Avant le café, Paul lui explique qu'il va la laisser seule pour deux minutes. Il doit aller à la pharmacie avant que celle-ci ferme. Il la quitte en lui faisant un très beau sourire et elle est heureuse. Mais au bout d'une demi-heure, Paul ne l'a toujours pas rejointe. Elle commence à comprendre qu'on vient de lui jouer un très mauvais tour. Paul lui[5] a menti. Il ne reviendra pas. Elle devra tout payer de sa propre poche.
Elle essaie d'oublier cette sale histoire mais elle lui reste en tête. Elle l'empêche de dormir, elle la rend malade. Cette mentalité lui paraît tellement minable qu'elle ne peut même pas se fâcher. C'est ça le plus triste.

[1] Abweichend vom Deutschen: demander *à quelqu'un* 72.
[2] Zur Reihenfolge der Pronomen 108.
[3] Abweichend vom Deutschen: parler *à quelqu'un* 74.
[4] Abweichend vom Deutschen: aider *quelqu'un* 70.
[5] Abweichend vom Deutschen: mentir *à quelqu'un* 70.

6 Vous devinez ce que c'est?

1 qui ne s'y intéressent pas 2 qui en ont horreur 3 qui en rêvent 4 Elle revient 5 les enfants y passent ... 6 ils en rentrent ... 7 on y dépense 8 qui en profitent 9 Tout le monde en a besoin. 10 Personne ne peut s'en passer. 11 qui essaie d'y renoncer 12 la science s'y intéresse 13 nous en avons besoin 14 nous ne pouvons plus nous en passer 15 en parlent beaucoup 16 y pensent-ils 17 de s'y intéresser 18 S'ils la voulaient 19 qui y vont 20 qui en ressortent 21 qui y vont 22 pour y rester définitivement 23 qui n'en reviennent pas 24 qui les y accompagnent 25 en ont horreur 26 ils s'en approchent 27 ils n'y entreraient ...

la foire = der Jahrmarkt   le sommeil = der Schlaf   la paix = der Frieden   le cimetière = der Friedhof

7 Le saviez-vous?

1 D'autres en ont 4, 6 ou 8. **2** Combien en a-t-il? **3** Si vous croyez qu'il en a mille ... **4** Il n'en a que ... **5** Il en a toujours assez. **6** ... notre organisme en produit deux millions et demi. **7** ... fiers d'en avoir quatre. **8** ... il y en a beaucoup plus. **9** ... il faudrait en apprendre quatorze ... **10** Si vous croyez en avoir vu (une) ... **11** ... on en retrouve de nouveau ... **12** On en a découvert de(s)[1] grandes ... **13** On peut aussi en voir de(s)[1] plus petites ... **14** ... elles en donnaient environ 1000 litres ... **15** ... elles en donnent plus de 5000 litres ... **16** ... qui peuvent en donner jusqu'à 10'000 litres.

[1] Gepflegte Sprache: *de;* Umgangssprache: *des* 98.

8 Affirmatif ou négatif?

1. Laisse-la tranquille. Ne la dérange pas. **2.** Ne le mange pas. Jette-le. **3.** Ne vous en faites pas. Calmez-vous. **4.** Ne m'abandonne pas. Aide-moi. **5.** Dépêche-toi. Ne la fais pas attendre. **6.** Ne vous inquiétez pas. Faites-moi confiance. **7.** Ne les déçois pas. Téléphone-leur. **8.** Ne le réveille pas. Laisse-le dormir. **9.** Mettez-le de côté. Ne le dépensez pas. **10.** Laisse-moi parler. Ne m'interromps pas tout le temps.

9 Comme sur des roulettes

1. Le leur a-t-on expliqué? Expliquez-le-leur. **2.** Pourquoi ne le leur envoies-tu pas? Mais je le leur ai déjà envoyé. **3.** Ne le leur rendez pas. Si, je vais le leur rendre. **4.** Devrais-je le leur confier? Oui, confie-le-leur. **5.** Ne le leur avez-vous pas raconté? Il ne faut pas le leur raconter. **6.** Je le leur ai recommandé. – Moi, je ne le leur aurais pas recommandé. **7.** Montrez-le-leur, ce soir. Ne le leur montrez pas maintenant. **8.** Pourquoi ne veux-tu pas le leur permettre? Permets-le-leur. **9.** Ne le leur dites pas. Je le leur ai déjà dit.

10 Aux voleurs!

1. Parce qu'on la lui a volée[1]. **2.** ... si on ne me l'avait pas volée. **3.** ... on te l'a volé aussi?/ ... qui me l'a confisqué. **4.** ... qu'on la leur a volée ... **5.** ... qu'on les lui a volés./On ne te les aurait pas volés ... **6.** ... on nous les a volés .../... qu'on les leur a volés./Où est-ce qu'on vous les a volés?

[1] Zur Endung des Partizips (in diesem und den folgenden Beispielen) 57.

11 Continuez

1. Je vais te les corriger. **2.** Mais je ne veux pas le leur confier (dire). **3.** Traduis-la-moi. **4.** Montre-le-leur. **5.** Quand vas-tu enfin la lui rendre? **6.** J'aimerais vous l'offrir pour Noël. **7.** Explique-les-leur. **8.** Prends-(enlève-)les-lui. **9.** Quand pourrais-je vous la présenter?

12 Des départs fous

1 Il l'a sûrement achetée **2** ce n'est pas toi qui la lui paies **3** tu me l'as interdit. **4** il n'y en a plus **5** m'a pris **6** Je ne le lui ai pas pris. **7** Elle me l'a prêté. **8** toi-même **9** je ne te l'ai pas prêté. **10** Tu ne me l'as pas demandé. **11** je ne te l'aurais pas donné. **12** Rends-le-lui. **13** il s'est envolé. **14** tais-toi **15** il ne fallait pas le lui laisser. **16** calme-toi **17** on t'en achètera **18** toi **19** je te laisserai **20** je te le garantis. **21** de te le répéter. **22** donne-leur **23** je le leur donne **24** donne-le-leur **25** me rend malade. **26** arrête-toi. **27** enlève-la-lui **28** je vous le promets.

13 Faisons le point

A **1** Je m'en occuperai. **2** Personne ne s'y intéresse. **3** On y a renoncé. **4** Il en mourra. **5** Il faudrait en profiter. **6** Il ne pourra pas s'y habituer. **7** N'en riez pas. **8** Elle s'en est servie. **9** Ne vous en approchez pas. **10** Elle n'osera pas s'en plaindre.

B **1** Il ne leur écrit jamais. **2** Elle leur a promis de venir. **3** Laissez-les seuls. **4** Il ne la leur prêtera pas, sa voiture. **5** Ils leur ont donné … **6** Elle ne veut plus les voir. **7** Qui peut la leur traduire, cette phrase? **8** Alors, confiez-les-leur. **9** Elle ne le leur a pas dit. **10** Rendez-les-leur enfin.

C **1** Combien en avez-vous? **2** Qui te l'a donnée? **3** Alice ne lui ressemble pas du tout. **4** Il ne s'y habituera jamais. **5** Ils nous les ont confiés. **6** Je ne peux pas vous la rendre. **7** Tout le monde en rêve. **8** Montrez-le-nous. **9** Rendez-la-leur. **10** Personne n'en a besoin.

D **1** Si elle veut lire ce livre, je le lui prête. **2** Luc n'y pense jamais. **3** Je vais les lui lire, ces livres. **4** Les Blin nous ont prêté leur voiture. **4** Ils pourraient faire ce travail eux-mêmes. **6** Mais si, permets-le-leur. **7** Et Marie? – Je le lui dirai. **8** Donnez-m'en un kilo. **9** Allez-vous-en. – Non, ne vous en allez pas. **10** Je peux la leur recommander, cette comédie.

Der Relativsatz und das Relativpronomen

1 Une arrière-grand-mère formidable

1 qu'on **2** que **3** qui **4** qui **5** que **6** que **7** que **8** que **9** qui **10** qui **11** que **12** qui **13** ce que **14** qui

2 Une journée où tout va mal

1. cachée 2. réveillés 3. oubliés 4. cassées 5. brûlée 6. salie 7. abîmée 8. faite

3 De quoi s'agit-il?

1. une aventure/se souvenir **de** 2. deux bonnes qualités/fier **de** 3. une maladie/mourir **de** 4. le métier (la profession)/avoir envie **de** 5. un sport/parler **de** 6. une machine/s'approcher **de** 7. animaux (bêtes)/avoir peur **de** 8. ciseaux/se servir **de** 9. une boisson/se passer **de**

4 Cela dépend du verbe

1. C'est quelque chose qu'elle aime beaucoup. **2.** ... dont elle a toujours envie. **3.** ... qu'il ne comprend pas. **4.** ... qu'il déteste. **5.** ... dont elle ne peut pas se passer. **6.** ... dont il a horreur. **7.** ... qu'elle adore. **8.** ... que je n'oublierai jamais. **9.** ... dont je suis fier/fière. **10.** ... dont je me souviendrai. **11.** ... dont mes parents ne savent rien. **12.** ... que je n'aime pas raconter. **13.** ... dont je ne parle jamais. **14.** ... que je crains. **15.** ... dont j'ai peur.

5 Le trio de – en – dont

1. Il m'en a parlé hier. ...aux projets dont il m'a parlé.
2. Vous en rêvez... ...le monde meilleur dont vous rêvez.
3. Nous en avons absolument besoin. ...les informations dont nous avons besoin.
4. Je m'en souviens... ...une soirée dont je me souviens.
5. Je sais qu'il en a horreur. ...des livres dont il a horreur.
6. Tous les journaux en sont pleins... ...ces mauvaises nouvelles dont les journaux sont pleins.
7. Je sais que je peux en être sûr. ...une amitié profonde dont je peux être sûr.
8. Il ne faut pas en rire. ...quelque chose dont il ne faut pas rire.
9. Beaucoup de gitans en jouent. C'est un instrument dont beaucoup de gitans jouent.
10. Tout le monde devrait s'en occuper un peu. C'est quelque chose dont tout le monde devrait s'occuper.

6 Deren/dessen = dont

1. un paysage dont la beauté impressionne tout le monde — Subjekt: la beauté
   un paysage dont je n'oublierai jamais la beauté — Subjekt: je
2. un arbre dont les fruits sont immangeables[1] (ne sont pas mangeables) — Subjekt: les fruits
   un arbre dont on ne peut pas manger les fruits — Subjekt: on
3. un sondage dont vous ne connaissez pas le résultat — Subjekt: vous
   un sondage dont le résultat nous a surpris(es) — Subjekt: le résultat
4. des ouvriers dont le travail est extrêmement utile — Subjekt: le travail
   des ouvriers dont nous ne payons pas assez le travail — Subjekt: nous
5. un homme politique dont je ne peux pas comprendre la popularité — Subjekt: je
   un homme politique dont la popularité m'étonne — Subjekt: la popularité
6. un peintre dont on peut voir les tableaux au musée — Subjekt: on
   un peintre dont les tableaux valent presque un million — Subjekt: les tableaux
7. un livre dont la lecture m'a fasciné(e) — Subjekt: la lecture
   un livre dont je vous recommande la lecture — Subjekt: je
8. un auteur dont j'admire le style — Subjekt: je
   un auteur dont le style est admirable — Subjekt: le style

9. l'acteur dont la radio a annoncé la mort — Subjekt: la radio
l'acteur dont nous regrettons la mort — Subjekt: nous
10. des voyageurs dont le douanier a fouillé le(s) bagage(s) — Subjekt: le douanier
des voyageurs dont le(s) bagage(s) a (ont) passé la douane — Subjekt: le(s) bagage(s)
11. un élève dont les professeurs craignent les questions — Subjekt: les professeurs
un élève dont les questions troublent les professeurs — Subjekt: les questions

[1] Das *im-* wird ausgesprochen wie in *impossible* (nicht wie in *immense*).

7 Une soirée agréable

1. ... que personne ne sait faire ... 2. ... dont elle a besoin ... 3. ... dont son mari ne pourrait pas se passer. 4. ... qu'elle trouve très sympathique. 5. ... qui lui donne toujours ... 6. ... que la vie n'a pas gâté. 7. ... dont les médecins ne connaissent pas ... 8. ... qu'on n'entend jamais ... 9. ... qu'elle a commandé ... 10. ... qui l'aide à porter ... 11. ... dont la femme est morte ... 12. ... qui se sent très seul ... 13. ... que personne n'invite jamais. 14. ... dont ils se souviendront longtemps.

8 Qu'est-ce que c'est en allemand?

1. C'est une personne ... qui dit du mal de moi/... dont je dis .../... que je déteste/... que je devrais aimer. → *Feind*
2. C'est une faculté ... dont on se sert/... qui est aussi importante que .../... qu'on risque de perdre .../... dont on a besoin. → *Gedächtnis*
3. C'est un instrument ... qu'on emploie .../... dont aucun jardinier ne peut se passer/... qui a des dents de métal/... dont on se sert ... → *Rechen*
4. C'est un gros oiseau qu'on trouve .../... qui peut aller .../... dont on peut manger les oeufs/... dont les oeufs ... → *Gans*
5. C'est un appareil qui marche .../... qu'on trouve .../...dont nous ne pourrions plus nous passer/... que nos arrière-grand-mères .../... dont on se sert ... → *Staubsauger*

9 De la personne à la chose

1. le bureau auquel 2. une amitié sur laquelle 3. la maison pour laquelle 4. le poème auquel 5. la banque à laquelle 6. le revolver avec lequel 7. la pénicilline à laquelle 8. les documents sans lesquels 9. le rideau derrière lequel 10. des ordres auxquels 11. un sport auquel

10 Définissez

Mögliche Lösungen:
1. ... coussin sur lequel on dort. 2. ... saison pendant laquelle on peut se baigner. 3. ... instrument avec lequel on plante des clous. 4. ... machine grâce à laquelle on peut économiser du temps. 5. ... bouteille dans laquelle on emporte des boissons. 6. ... argent pour lequel on travaille. 7. ... papier sans lequel on n'a pas le droit de conduire. 8. ... sorte de fenêtre derrière laquelle il y a un employé (devant laquelle on fait la queue). 9. ... «instrument» avec lequel on peut se coiffer. 10. ... insectes grâce auxquels nous avons du miel. 11. ... temps pendant lequel on ne travaille pas. 12. ... meuble sur lequel on s'assied (on est assis). 13. ... nuit pendant laquelle on ne dort pas.

11 Comment appelle-t-on ...?

1 la voiture dans laquelle ... → *l'ambulance* 2 les périodes pendant lesquelles ... → *les vacances* 3 le calendrier dans lequel ... → *l'agenda* 4 le cahier auquel ... → *le journal ou le journal intime* 5 l'organisation grâce à laquelle ... → *la Croix Rouge* 6 les mots auxquels ... → *les noms, les adjectifs, les déterminants* Begleiter 7 les bêtes auxquelles ... → *les moutons* 8 la mer au bord de laquelle ... → *La Méditerranée* 9 le fleuve sur lequel ... → *la Seine* 10 l'île au milieu delaquelle ... → *l'île de la Cité*

12 Devinette

1 qui 2 à qui 3 qui 4 à qui 5 que 6 à qui 7 qui 8 grâce à qui 9 à qui 10 qu' 11 qui 12 dont
(Il s'agit) **de** Jeanne d'Arc

13 Les apprentis et leurs patrons

1. dont il se plaint 2. à qui (auquel) 3. dont elle se méfie 4. qu'il déteste 5. dont elle a peur 6. qu'il trouve 7. dont il parle 8. à qui (auquel) elle peut 9. à qui (auquel) il doit 10. dont ils dépendent/qui le flattent/qui lui font/qui lui mentent/dont beaucoup de patrons ne se rendent pas compte.

14 Le journal

1 ce qu'elle 2 ce qui 3 ce qu'elle 4 ce qu'on 5 ce qui 6 ce qui 7 ce qui 8 ce qu'elle 9 ce qui 10 ce qu'elle 11 ce qui 12 ce qui 13 ce qu'elle 14 ce qu'elle 15 ce qui 16 ce qui 17 ce qu'elle

15 La grève

1. Ce que 2. ce que/ce qui 3. tout ce qui/ce qui 4. ce que 5. ce qui 6. ce qu'il y a 7. ce qui 8. ce que 9. ce qui 10. ce qui

16 Qui est N.?

1. Pablo Picasso dont les tableaux ... 2. ... Henri Dunant ..., la Croix Rouge qui devient ... 3. Albert Schweitzer; la forêt vierge où il fonde ... 4. Edith Piaf que les Français appellent ... 5. les frères Montgolfier; le premier ballon à air chaud qui n'a encore ni ... 6. Christophe Colomb ... un continent qui est ... 7. Marie Curie, ... découverte pour laquelle elle reçoit ... 8. Jacques Daguerre, ... des photos dont la qualité n'est pas encore ... 9. Louis Pasteur ..., un vaccin qui sauve la vie ... 10. Charles de Gaulle, ... les Allemands qui occupent ... 11. une invention qui, ... un alphabet en relief qu'on peut lire ... 12. Jules Verne; ... un roman fiction dont le succès est ...

17 Faire d'une pierre deux coups

1. que 2. que 3. dont 4. dont 5. lesquels 6. dont 7. dont 8. qui 9. qui

18 Le pronom relatif dans la publicité I

1 auquel 2 dont 3 qui 4 que 5 auxquelles 6 ce que 7 ce qui 8 qui 9 dont 10 qui 11 qui 12 à qui 13 que 14 qui 15 qui 16 à laquelle 17 lesquels 18 grâce auxquels 19 auxquels 20 dont 21 que

19 Le pronom relatif dans la publicité II

1 que 2 dont 3 qu' 4 dont 5 qui 6 que 7 grâce à laquelle 8 qui 9 qui 10 qui 11 que 12 où 13 dont 14 que 15 que 16 que 17 dont

Vom Adjektiv zum Adverb der Art und Weise

1 Du tac au tac

1 un roman intéressant 2 un long roman 3 un roman français 4 un roman admirable 5 un nouveau roman 6 un roman difficile 7 un gros roman 8 un roman ennuyeux 9 un roman célèbre 10 un bon roman 11 un roman important 12 un beau roman 13 un roman historique 14 un mauvais roman 15 un roman charmant 16 un roman compliqué 17 un grand roman 18 un roman amusant 19 un joli roman 20 un vieux roman

2 Choisissez la bonne forme

a) Tu as fait une faute énorme./Son père est énormément riche./Je me réjouis énormément.
C'est un danger énorme./Ils ont énormément souffert (souffert énormément).
b) Il a donné une bonne réponse./Je n'ai pas bien dormi./C'est bien compliqué./J'ai une bonne idée.
Elle a bien travaillé.
c) Habille-toi chaudement./Il te faut des vêtements chauds./Je vous recommande chaudement ce film.
Apporte-moi de l'eau chaude./Les spectateurs nous ont applaudis chaudement (chaudement applaudis).
d) J'ai entendu des cris horribles./Ce restaurant est horriblement cher./Ce tableau est horriblement laid.
J'ai horriblement peur./Il a écrit un roman horrible.
e) Il rêve d'une voiture rapide./Ils ont vite compris./Il me faut un cheval rapide./Ce train n'avance pas vite.
Il faut réagir vite.
f) Je supporte mal le bruit./J'ai fait un mauvais rêve./Jean parle mal l'italien./Quel mauvais goût!
Je suis sûr que ça finira mal.

3 Une famille heureuse

1 énormément 2 économes 3 mécontents 4 absolument 5 voisine 6 bien 7 gratuitement 8 vieille 9 rarement 10 impatiemment 11 gaies (joyeuses) 12 naturellement (évidemment) 13 facile 14 génial 15 confortablement 16 lentement 17 rapides 18 régulièrement 19 énorme 20 neuve 21 pleine 22 blondes 23 exactement 24 automatiquement 25 fièrement collée

4 J'ai l'heure, moi

1 Brusquement (Tout à coup), Jeannot quitte (Jeannot quitte brusquement) 2 qui le fatiguent terriblement (horriblement) 3 il a absolument besoin 4 Il traverse lentement (Lentement il traverse) 5 est complètement vide 6 incroyablement laid 7 s'endort rapidement (vite) 8 on frappe assez violemment 9 un vieil homme 10 cherche maladroitement (Maladroitement, Jeannot cherche) 11 en baissant légèrement 12 a l'air infiniment triste 13 dort de nouveau profondément 14 jeune homme sportif 15 lui demande-t-il poliment 16 répond Jeannot sèchement (d'un ton sec) 17 en sifflant gaiement (joyeusement) 18 la même scène absurde 19 sans avoir suffisamment dormi (dormi suffisamment) 20 en jouant nerveusement 21 une idée géniale 22 Je n'ai pas l'heure, malheureusement (Malheureusement, je n'ai pas l'heure) 23 Il pose le papier soigneusement (Soigneusement, il pose le papier) 24 se réinstalle confortablement 25 dormir tranquillement 26 une jeune femme élégante 27 extraordinairement belle 28 elle lui sourit gentiment

5 Dites-le autrement

1. élégamment 2. excellents/violemment 3. si rapidement que 4. si durement 5. pas suffisamment/aveuglément 6. était dangereuse/très lentement 7. librement 8. très inquiète/impatiemment 9. très simple/facilement 10. très facile/était très difficile/plus soigneusement 11. si courageuse/courageusement 12. constamment/si bruyamment/profondément

6 | Au contraire

1. il la déteste profondément. 2. je gagne suffisamment. 3. ils répondent intelligemment. 4. elle prononce correctement. 5. Elles s'habillent différemment. 6. je le lis régulièrement. 7. il a réagi gentiment 8. elle m'/nous intéresse énormément.

7 | Complétez correctement

A **1** dangereuses **2** dangereux **3** dangereusement **4** dangereux **5** dangereusement
B **1** calme **2** calme **3** calmement **4** calme **5** calmement
C **1** définitive **2** définitivement **3** définitif **4** définitivement **5** définitifs **6** définitivement
D **1** grave **2** gravement[1] **3** graves **4** gravement

[1] Neben *gravement* gibt es auch noch die ältere Form *grièvement*, die aber nur noch zusammen mit *bléssé* verwendet wird.

8 | Devinez juste

1. ... sentent mauvais. 2. ... tu as deviné juste. 3. Luc gagne gros. 4. ... les oiseaux volent bas. 5. ... il a tenu bon ... 6. ... ils crient tellement fort ... 7. ... pèse trop lourd. 8. ... qu'il travaille trop dur. 9. ... a chanté tellement (si) faux ... 10. ... il fait tout faux ... 11. ... tu sens tellement bon. 12. ... vous avez parlé trop bas. 13. ... je ne l'ai pas payée tellement cher ... 14. ... le vent a soufflé (soufflait) tellement (si) fort ...

9 | Une discussion sans fin

1 encore plus grosse que la dernière **2** beaucoup plus rapide **3** la voiture la plus rapide que j'aie jamais eue **4** la plus polluante **5** n'a jamais été aussi mauvais que cette année **6** Je ne vis pas moins bien que les autres années. **7** presque aussi pollué qu'à New York **8** plus malades que les autres Américains **9** sont beaucoup plus grands qu'il y a 30 ans **10** Nous vivons plus dangereusement que nos parents. **11** que l'air redevienne aussi pur qu'en 1950 **12** on avance mieux en vélo qu'en voiture **13** le moyen de transport le plus économique **14** le moins confortable **15** le moyen de transport le plus sûr **16** on est moins libre qu'en voiture **17** au moins aussi polluantes que les voitures.

10 De l'allemand au français

Mère: Ton amie Lili est tellement (si) timide.
Fille: Oui, elle est terriblement (horriblement) timide.
C'est[1] la fille la plus timide de notre classe.
Mère: Vraiment?
Fille: Absolument. Personne n'est aussi timide qu'elle.
Même pas sa sœur jumelle.
Mère: Pourvu qu'elle ne reste pas toujours si (aussi) timide.
D'ailleurs: est-ce qu'on confond facilement les deux sœurs?
Fille: Oui. Elles se ressemblent parfaitement[2].
Heureusement qu'elles s'habillent différemment.
Sinon je les confondrais toujours.

Ralph: Est-ce que ton père conduit aussi bien que le mien?
Alice: Naturellement (Bien sûr). Peut-être même mieux.
Ralph: Et ton grand frère?
Alice: Ce[3] serait le meilleur conducteur de la famille s'il était plus prudent et s'il ne freinait pas si brusquement.
Papa conduit beaucoup plus prudemment.
Ralph: Chez nous, c'est ma mère qui conduit le plus prudemment.

Je suis profondément triste.
Notre chien est mort hier. (Hier, notre chien est mort.)
Pendant 15 ans, il nous a fidèlement servis[4].
Il avait bon caractère.
Mais quand nous étions[5] en danger, il devenait agressif[6].
Il nous protégeait mieux que le meilleur gardien.
Un chien reste toujours fidèle à son maître, même si le maître le traite mal.
Mais comment peut-on traiter mal son ami le plus fidèle?

[1] Die wörtliche Übersetzung («elle est») ist unmöglich.
[2] Man sagt auch: se ressembler comme deux gouttes d'eau.
[3] Die wörtliche Übersetzung («il serait») ist unmöglich.
[4] Zur Endung 55.
[5] Nach «wenn» in der Bedeutung von «jedesmal wenn» steht das Imparfait. (Es wird ein Bild gezeichnet: So war es damals.)
[6] F: agressif, D: aggressiv

Die Umstandsangaben

1 Ne confondez pas

a) **1** depuis que **2** depuis que **3** depuis **4** depuis **5** depuis que **6** depuis que **7** depuis que
b) **1** jusqu'au dernier **2** jusqu'à ce que **3** jusqu'à la fin **4** jusqu'au 15 août **5** jusqu'à ce que **6** jusqu'à ce que
c) **1** à cause du brouillard **2** parce qu'il **3** parce que tu **4** à cause de **5** parce que **6** à cause de **7** à cause de ton frère
d) **1** pendant **2** pendant **3** pendant que **4** pendant que **5** pendant **6** pendant que **7** pendant que **8** pendant **9** pendant que **10** pendant que **11** pendant
e) **1** quoique (malgré que, bien que) **2** malgré **3** malgré **4** quoique (malgré que, bien que) **5** malgré **6** quoique (malgré que, bien que) **7** quoique (malgré que, bien que) **8** malgré

2 L'interrogatoire

1 sans **2** après **3** pendant **4** jusqu'à **5** dès que (aussitôt que) **6** avant que **7** parce que **8** bien que (quoique, malgré que) **9** à cause de **10** pendant que **11** pour **12** sans que **13** pour que **14** bien que (quoique, malgré que) **15** malgré **16** depuis que **17** pour que **18** depuis **19** depuis que **20** avant **21** à cause de **22** parce que **23** dès **24** jusqu'à ce que **25** malgré **26** pour que **27** après que **28** jusqu'à ce que (avant que) **29** pendant **30** jusqu'au **31** bien que (quoique, malgré que) **32** jusqu'à ce que

3 Mini-traductions

1. – (Est-ce que) tu habites loin d'ici?
   – Non, tout près.
     Dans la troisième maison après la boulangerie.
     En face (Vis-à-vis du) du cinéma.
   – Et toi?
   – Moi? A côté.
   – A quel étage?
   – Au premier. A côté du dentiste.
   – Qui habite au-dessous (en-dessous)?
   – La propriétaire.
     Et au-dessus (en-dessus), il y a des bureaux.
2. – Montez vite, les[1] enfants.
     Non, pas tous les trois devant.
   – Mais derrière, il y a une valise.
   – Et alors? L'un s'assied dessus, l'autre à côté.
     Pour cinq minutes, ça va (bien) aller (Ça va bien aller pour ...).
3. – Soulève ce vase.
     Il y a quelque chose dessous.
   – Oui, vraiment. Une enveloppe.
   – Est-ce qu'il y a quelque chose dedans?
   – Non, mais quelqu'un a écrit dessus.
   – Quoi donc?
   – Lis toi-même.
   – LADVERBEDEDANSESTDEDANS
     (Est-ce que) tu comprends ça?

[1] Zu *les* in der Anrede vgl. bonjour *les* élèves, au revoir *les* enfants, salut *les* copains.

4 Une seule préposition en allemand – deux prépositions en français

a) **1** en 15 jours **2** en 15 jours **3** dans 15 jours **4** dans 15 jours **5** en 15 jours **6** dans 15 jours **7** dans 15 jours **8** en 15 jours
b) **1** il y a **2** dans **3** en
c) **1** avant **2** il y a **3** en **4** en **5** il y a **6** avant
d) **1** il y a **2** il y a **3** dans **4** avant **5** en **6** il y a **7** il y a **8** dans **9** avant

5 Quatre fois cinq

1. en France/en Espagne/au Portugal/en Italie/au Danemark
   de France/d'Espagne/du Portugal/d'Italie/du Danemark
2. à Lyon/aux Baux/à Bordeaux/au Mans et au Havre
   de Lyon/des Baux/de Bordeaux/du Mans et du Havre
3. dans le (au) Jura/dans le canton de Vaud//en Bourgogne/dans les Grisons (aux) Grisons et en Alsace
4. d'Afrique – aux USA/du Canada – dans le Midi/des Etats-Unis – aux Pays-Bas/du Locle – en Normandie/d'Australie – aux Diablerets

6 Le grand coup

1 de chez lui **2** du pied gauche **3** au Mans **4** en Provence **5** aux Baux **6** de chez Potiron **7** de la tête **8** à (en) bicyclette **9** à pied **10** en taxi **11** sur la route **12** sur une petite place **13** dans **14** à la machine **15** du doigt **16** au premier **17** au stylo **18** à ce moment-là **19** dans l'escalier **20** dans la rue **21** à la maison

7 Avant ou après?

1. après avoir créé l'homme?
2. avant de rencontrer le serpent? ou après avoir rencontré le serpent?
3. avant de manger le fruit défendu? ou après avoir mangé ...?
4. avant de se brûler ...? ou après s'être brûlé(e) ...?
5. avant de faire une mauvaise note? ou après avoir fait ...?
6. avant de se mettre au travail? ou après s'être mis ...?
7. avant de naître? ou après être nés?
8. avant de l'examiner? ou après l'avoir examinée?
9. avant de prendre le petit-déjeuner? ou après avoir pris ...?
10. avant de perdre à Waterloo? ou après avoir perdu ...?
11. avant de disparaître à l'horizon? ou après avoir disparu ...?
12. avant de terminer le canal de Suez? ou après avoir terminé ...?
    Ni l'un ni l'autre. Ce n'est pas Lesseps qui a construit le Centre Pompidou.

8 Attentions aux infinitifs!

1. Wer geht in die Stadt? — Sylvie.
   Wer will kaufen? — Sylvie. ⎦ Der Infinitiv ist **richtig**.

2. Wer will schenken? — Sylvie.
   Wer soll Musik hören? — Ralph. ⎦ Der Infinitiv ist **falsch**.

   Der Satz sagt, dass **Sylvie** Musik hören will.
   Richtig wäre: <u>Elle</u> veut lui offrir un baladeur pour qu'il puisse écouter ... .

3. Wer kann hören? — Ralph.
   Wer stört nicht? — Ralph. ⎦ Der Infinitiv ist **richtig**.

4. Wer oder was gefällt Sylvie? — Der Walkman.
   Wer weiss nicht warum? — Sylvie. ⎦ Der Infinitiv ist **falsch**.

   Der Satz sagt, der **Walkman** wisse nicht, warum er Sylvie gefällt.
   Richtig wäre: Un **baladeur** qui plaît particulièrement à Sylvie sans qu'elle sache pourquoi.

5. Wer entscheidet sich nicht? — Sylvie.
   Wer sieht andere Modelle an? — Sylvie. ⎦ Der Infinitiv ist **richtig**.

6. Wer wählt? — Sylvie.
   Wer ruft die Verkäuferin? — Sylvie. ⎦ Der Infinitiv ist **richtig**.

7. Wer zahlt? — Sylvie.
   Wer packt ein? — Die Verkäuferin. ⎦ Der Infinitiv ist **falsch**.

   Der Satz sagt, die **Verkäuferin** habe bezahlt.
   Richtig wäre: Quand (Après que) **Sylvie** a payé, **la vendeuse** lui fait un paquet.

8. Wer fällt ...? — Der Regen.
   Wer verlässt das Geschäft? — Sylvie. ⎦ Der Infinitiv ist **falsch**.

   Der Satz sagt, der **Regen** verlasse das Geschäft.
   Richtig wäre: **Une pluie forte** se met à tomber avant que **Sylvie** quitte ... .

9. Wer läuft ...? — Sylvie.
   Wer öffnet den Schirm nicht? — Sylvie. ⎦ Der Infinitiv ist **richtig**.

10. Wer steigt ein? — Sylvie.
    Wer spritzt ...? — Ein Auto. ⎦ Der Infinitiv ist **falsch**.

    Der Satz sagt, das **Auto** steige ins Tram.
    Richtig wäre: Avant de monter dans le tram, **Sylvie** se fait éclabousser par une voiture.
    Oder: Avant que **Sylvie** monte dans le tram, **une voiture** l'éclabousse.

9 Faisons le point

A 1. à pied/en voiture 2. en Italie 3. dans le Midi 4. En ville/à la campagne 5. en Alsace/à Colmar 6. Au printemps/en Australie 7. à l'étranger 8. en taxi 9. en mauvais état 10. En hiver

B 1. au travail 2. de l'autre côté 3. dans la rue 4. partir en voyage 5. au mois de juin 6. à cheval 7. en ce moment 8. en 13 mois 9. au Mexique 10. dans l'escalier

C 1. avant de vous mettre 2. Avant les repas 3. avant qu'il pleuve 4. avant leur mariage 5. avant de venir 6. avant que tu partes 7. avant ton départ 8. avant le 1er août 9. avant qu'il soit trop tard 10. Avant de me coucher

D 1. Il y a une demi-heure. 2. Il y a un siècle. 3. Dans 5 ans. 4. Dans deux mois. 5. Il y a cinq jours. 6. Il y a deux mois. 7. Dans une heure. 8. Dans deux semaines (Dans 15 jours). 9. Il y a cinq minutes. 10. Dans 200 ans (Dans deux siècles).